Grant Virtue und Melissa Virtue
Engel der Liebe

Grant Virtue
und Melissa Virtue

Engel der Liebe

In fünf himmlischen Schritten
zur perfekten Beziehung

Aus dem amerikanischen Englisch
von Ulrike Kretschmer

IRISIANA

Die amerikanische Originalausgabe erschien 2017 unter dem Titel
»Angels of Love«.

FSC
www.fsc.org
MIX
Papier aus verantwor-
tungsvollen Quellen
FSC® C014496

Verlagsgruppe Random House FSC® N001967
THE COURAGE TO BE CREATIVE
Copyright © 2017 by Grant Virtue and Melissa Virtue
Originally published in 2017 by Hay House Inc. USA

1. Auflage
© 2018 der deutschsprachigen Ausgabe by Irisiana Verlag,
einem Unternehmen der Verlagsgruppe Random House GmbH,
Neumarkter Straße 28, 81673 München
Satz: Uhl + Massopust GmbH, Aalen
Umschlaggestaltung: Geviert, Grafik & Typografie
Druck und Bindung: GGP Media GmbH, Pößneck
Printed in Germany
ISBN: 978-3-424-15336-1

Für Melissa, meinen Engel der Liebe

– G. V.

Für die Engel der Liebe,
die mich zu meinem Seelengefährten Grant
zurückgeführt haben

– M. V.

INHALT

VORWORT

Gott und die Engel sind die reine Liebe, und in einem tiefen spirituellen Sinn sind das auch Sie. Irgendwann im Leben erinnern wir uns alle an die süße und bedingungslose Liebe, die uns im Himmel zuteil wurde, vor unserer Geburt. Im Himmel fühlten wir uns respektiert, geliebt und verstanden ... und nun wollen wir das Gleiche auch in unseren irdischen Beziehungen erleben.

Wer sich nach Liebe und Partnerschaft sehnt, muss bei seiner Suche sehr vorsichtig vorgehen. Denn wenn wir einsam sind, geben wir uns oft mit unpassenden Beziehungen zufrieden, Beziehungen, mit denen wir eine Lücke füllen möchten. Doch Gott und die Engel wollen nicht, dass wir uns mit irgendetwas »zufriedengeben« – sie wissen genau, dass man sich in einer unpassenden Beziehung genauso einsam und unglücklich fühlt wie ohne Partner.

In *Engel der Liebe* zeigen Grant und Melissa Virtue uns in fünf praktischen Schritten, wie man zu einer Beziehung findet, in der sich die Erinnerungen an die himmlische Liebe widerspiegeln. Ihr ungeheuer hilfreicher Wegweiser zur gesunden romantischen Liebe zeigt uns, wie wir uns in einer Partnerschaft selbst treu bleiben können.

Darüber hinaus schreiben Grant und Melissa nicht nur über gesunde Liebesbeziehungen – sie leben sie auch! Ich habe selbst gesehen, wie sie als zueinander stehendes Paar in schwierigen Situationen den Kurs gehalten haben, ohne negative Verhaltensmuster wie sich Vorwürfe zu machen oder sich voneinander zu distanzieren, die das Gefühl der Liebe untergraben können. Als Paar praktizieren sie, was sie predigen; sie zeigen uns, wie freudvoll, leidenschaftlich und nützlich eine gesunde Liebesbeziehung sein kann.

Ich hoffe inständig, dass Sie sich als Leser dieses Buchs inspirieren lassen und Ihre Beziehungen ebenso leben können wie Grant und Melissa. Ich spreche hier bewusst von Beziehung*en,* denn letztlich lässt sich alles, was man über die Triebkräfte einer guten romantischen Beziehung lernen kann – über Respekt, Ehrlichkeit und Kommunikation – ebenso auf Freundschaften und familiäre Beziehungen anwenden.

Mögen Sie die Liebe spüren, die der Himmel Ihnen unablässig schickt, und mögen alle Ihre Beziehungen gut, respektvoll und freudvoll sein.

In Liebe,
Doreen

EINFÜHRUNG

Sich mit den Engeln der Liebe verbünden

Dieses Buch ist all jenen gewidmet, die momentan nach der perfekten Beziehung suchen. Dennoch ist das Finden des idealen Lebenspartners erst die halbe Miete. Die andere Hälfte besteht darin, diese neu gewonnene Liebesbeziehung zu festigen und zu bewahren.

Beziehungen, welcher Art sie auch sein mögen, sind immer spirituelle Unterfangen, da es der göttliche Funke in uns ist, der nach der Gemeinschaft mit anderen strebt, einer Gemeinschaft, die allen Beteiligten Freude bereitet. Diese Freude kann vielerlei Gestalten annehmen, je nachdem, um welche Form von Beziehung es sich handelt. Gute Geschäftsbeziehungen basieren auf dem gemeinsamen finanziellen Erfolg der Partner; Vereine werden gegründet, damit sich deren Mitglieder als Teil von etwas fühlen können und manchmal auch, um Bedürftigen zu helfen.

Sogar bei den Mitgliedern einer Straßengang kann man sagen, dass sie durch eine Beziehung miteinander verbunden sind, deren Zweck darin besteht, die Gangmitglieder zu schützen.

Auch romantische Beziehungen gehen wir aus den oben genannten Gründen ein, allerdings mit einem entscheidenden Unterschied: *Schließen zwei Menschen das Bündnis einer lebenslangen Partnerschaft, geschieht dies vornehmlich aus Liebe.* Nun kann eine wie auch immer geartete Liebe mit der Zeit zwar auch Bestandteil einer geschäftlichen oder gesellschaftlich motivierten Beziehung sein, meist ist sie jedoch nicht der Hauptgrund, aus dem man diese Beziehung eingeht bzw. eingegangen ist.

Liebe zu definieren ist außerordentlich knifflig, kann sie doch mit keiner bislang bekannten Methode gemessen werden. Niemand kann mit Gewissheit sagen, ob ein anderer in einem bestimmten Augenblick Liebe empfindet oder nicht, ob er oder sie einen bestimmten Menschen liebt oder nicht. Liebe ist das *persönlichste* – und damit *privateste* – und zugleich *zwischenmenschlichste* – und damit *öffentlichste* – Gefühl, dessen wir fähig sind. Und sie ist bei Weitem nicht auf die Beziehung zwischen zwei Menschen beschränkt: Die Liebe, die wir für ein Tier empfinden, kann der zu einem Menschen sehr ähnlich sein.

In diesem Buch sprechen wir darüber, warum die Liebe ein so wichtiges und besonderes Gefühl ist und wie wahre Liebe erreicht werden kann. Wir ermuntern Sie nicht, bei jemandem zu bleiben, nur weil dieser Jemand ein bequemer Partner ist, oder sich mit dem Ersten, der Ihnen über den Weg läuft, zufriedenzugeben. In diesem Buch geht es darum, die wahre und ewig währende Liebe zu finden und zu bewahren.

Wir alle können die wahre Liebe finden und leben, keiner ist dazu aus irgendeinem Grund qualifizierter als ein anderer. Jeder Einzelne von uns verfügt über die Fähigkeit, diesen perfekten Partner zu suchen, zu finden und eine Beziehung mit ihm einzugehen, sich also mit ihm zu verbinden. Vielleicht haben Sie auch schon einmal den Spruch gehört: Manche haben eben Glück im Leben, andere Glück in der Liebe. Unserer Überzeugung nach ist beides ein und dasselbe. Jemand, der klug und einfühlsam genug ist zu entscheiden, ob ein anderer der oder die Richtige ist – und nicht nur jemand, der in diesem Augenblick zufällig *da* ist –, ist auch seines Glückes Schmied.

Vielleicht genießen Sie im Moment aber auch schon die perfekte Beziehung und lesen dieses Buch, um einem Freund oder einem geliebten Menschen zu helfen. Das ist ein wunderbarer Grund, den wir sehr begrüßen. Achten Sie aber bei der Lektüre bitte auch darauf, ob es in Ihrem eigenen Liebesleben möglicherweise Bereiche gibt, die Sie noch verbessern können. Außerdem möchten wir betonen, dass wir mit diesem Buch niemanden dazu auffordern wollen, seinen derzeitigen Partner zu verlassen und sich einen neuen zu suchen; sollte es Defizite in der Partnerschaft geben, wäre es viel besser für beide Beteiligten, an der Beziehung zu arbeiten und sie in eine der gegenseitigen Liebe, des Respekts, der Hingabe und des Glücks zu verwandeln.

Unsere spirituelle Sicht der Dinge

Melissa: Mich mit »der Quelle« und den Engeln zu verbinden und mit ihnen zu kommunizieren ist ein sehr wichtiger Teil meines Lebens. Ich fühle mich den Engeln schon verbunden, seit ich ein kleines Mädchen war. Und obwohl ich in einer Familie aufgewachsen bin, die sonntags immer in die Kirche gegangen ist, wurde über Engel nie gesprochen. Dennoch habe ich nachts in meinen Träumen Botschaften von ihnen erhalten, was den Beginn meiner Entdeckungsreise ins Land der Traumdeutung darstellte.

Eine Woche nach meinem Collegeabschluss zog ich nach New York City, um professionelle Tänzerin zu werden. Die Arbeit mit den Engeln und meinen spirituellen Führern habe ich jedoch auch während meiner Tanzkarriere fortgeführt. Durch sie lernte ich zahlreiche Heilmethoden kennen, und auch mein Wissen auf dem Gebiet der Traumdeutung konnte ich weiter ausbauen.

In meinen Augen ist Tanzen eine heilige, spirituelle Kunstform. Im Tanz können wir uns mit »der Quelle«, der Liebe und dem Universum verbinden. Das wollte ich mit anderen teilen, und zwar auf eine Weise, die weder zu technisch war noch in Konkurrenz ausartete. Mir war es wichtig, dass *jeder* die Einheit der Bewegung mit der Seele spüren kann. Und so habe ich mich von der Welt des professionellen Tanzes verabschiedet und mich zur Erschaffung einer eigenen, spirituellen Tanzform führen lassen. Zu dieser Zeit begann ich auch, Menschen mit gesundheitlichen Problemen zu behandeln, unter anderem mithilfe der Traumdeutung und intuitiver Lesungen – eine Tätigkeit, die ich mittlerweile seit über 20 Jahren weltweit praktiziere. Ich danke »der Quelle« und den Engeln für ihre beständige Führung und dass ich nie aufhöre zu lernen.

Grant: Ich bin in einem Haushalt aufgewachsen, in dem die Arbeit mit Engeln selbstverständlich war. Schon sehr früh wurde mir beigebracht, dass ich jederzeit die Engel um Hilfe bitten konnte, wenn ich Probleme oder Wünsche hatte. Durch diese Erfahrungen in der Kindheit fühlt es sich heute für mich als Erwachsenen völlig normal und tröstlich an, mich mit meinen Engeln zu verbinden.

Als Jugendlicher und Heranwachsender begleitete ich meine Mutter, Doreen Virtue, auf vielen ihrer nationalen und internationalen Touren. Ich hatte das Privileg, Hunderte von Menschen aus der ganzen Welt kennenzulernen und mit ihnen zu sprechen, und durfte darüber hinaus von einigen unglaublich talentierten und klugen spirituellen Lehrmeistern lernen. Durch diese zahllosen Lektionen und Begegnungen wurde mir klar, welch tiefes Heilpotenzial in den Engeln steckt.

Seitdem beschäftige ich mich mit einer Vielzahl von Themen, von der Gesundheit über die Psychologie bis hin zum Rechtswesen. In jeder dieser Disziplinen habe ich mir die Gabe der Engel zunutze gemacht, um sowohl mir als auch anderen zu helfen. Ich bin der festen Überzeugung, dass sich jede Situation, jeder Bereich, ja sogar jeder Aspekt meines Lebens verbessern lässt, wenn ich Gott und meine Engel um Hilfe und Führung bitte.

Wer sind die Engel der Liebe?

Die Engel der Liebe gehören einem Rat der Engel an, der jedem Menschen dabei hilft, die für ihn ideale Beziehung zu seinem Seelengefährten zu finden. Die Engel helfen uns nicht nur, den für uns perfekten Lebenspartner zu *finden,* sie helfen uns auch dabei, mit ihm eine gesunde, liebevolle Beziehung *aufrechtzuerhalten.* Die Engel der Liebe bieten uns Führung, Unterstützung sowie Hilfsmittel und Techniken; sie helfen uns dabei, Probleme zu lösen, damit unsere wunderschöne intime Beziehung intakt bleibt.

Die Vorschläge in diesem Buch sind das Ergebnis dessen, was wir beide über die Jahre hinweg von den Engeln der Liebe gelernt haben. Wir haben jeden einzelnen dieser Vorschläge selbst ausprobiert – tatsächlich sind sie es, die uns schließlich zueinander geführt haben!

Melissas Geschichte der Engel der Liebe

Ich begegnete den Engeln der Liebe zum ersten Mal, als ich noch in New York City wohnte. Während mich die Tanztechnik, die ich zu dieser Zeit studierte, die nonverbale Kommunikation lehrte – den Ausdruck über die Körpersprache und die Psychologie unserer inneren Landschaft –, sandten mir die

Engel der Liebe Lektionen, wie man in einer Partnerschaft echtes Vertrauen aufbaut und ehrlich handelt, wie verletzlich einen das auch machen mag. Diese Lektionen erteilten sie mir über die von mir selbst gewählten Beziehungen, ebenso wie über die Beziehungen von Familie und Freunden. Gemeinsam mit meiner Tanzausbildung vermittelte mir dieses Wissen ein tieferes Verständnis von den wahren Zusammenhängen gesunder romantischer Beziehungen. Doch die Absicht der Engel der Liebe sollte ich in ihrem ganzen Ausmaß erst begreifen, als ich ihnen viele Jahre später erneut begegnete.

Dieses Mal erschienen mir die himmlischen Wesen in meinen Träumen; sie zeigten mir, wie ich mich aus den ungesunden Beziehungen, in die ich mich verstrickt hatte, befreien konnte. In einem dieser Träume etwa offenbarten sie mir, dass es einen anderen Weg gab, den ich wählen konnte – einen, auf dem mein Seelengefährte auf mich wartete. Zu dieser Zeit konnte ich noch nicht näher erkennen, wie dieser mein »Traum«-Partner aussah, doch in meinem Traum traf ich ihn und hatte Gelegenheit, seine unglaubliche Präsenz zu spüren.

Beim Aufwachen war mir sofort klar, dass ich Führung und Unterstützung in der »Seelengefährtenabteilung« bekommen hatte. Der Traum verdeutlichte mir, wie sehr ich mich nach meinem Seelengefährten und einer Beziehung voller Liebe sehnte. Zu meinem Glück zeigten die Engel der Liebe mir, dass es noch nicht zu spät für mich war, einen wundervollen Mann zu finden, den ich lieben konnte.

Nach diesem Traum wurde mir die Führung der Engel der Liebe auch bewusst, wenn ich wach war und nicht träumte. Ich baute eine Beziehung zu ihnen auf, indem ich ihren liebevollen Botschaften vertraute, die mir eine große Stütze waren. Die Engel der Liebe wiesen mir nicht nur den Weg zu den richtigen Schritten, sondern lehrten mich auch die Mittel und Techniken, die ich brauchte, um meinen Seelengefährten in mein Leben zu bringen.

Ein Jahr später begegnete ich Grant, der Liebe meines Lebens, dann tatsächlich.

Grants Geschichte der Engel der Liebe

Wie bei Melissa offenbaren sich die Engel der Liebe auch bei mir ganz allmählich im Laufe mehrerer Jahre. Ich hatte schon einige Beziehungen hinter mir, die zu ihrer Zeit zwar bedeutsam, aber geradezu absurd einseitig gewesen waren. Dieses Muster hatte sich schon so lange so oft wiederholt, dass ich zu dem Schluss gekommen war, so hatten Beziehungen nun einmal zu funktionieren. Darüber hinaus fragte ich mich, ob mit mir vielleicht etwas nicht stimmte, weil ich so unzufrieden war.

Doch mit der Zeit bekam ich sehr deutliche und liebevolle Hinweise, dass Beziehungen nicht unbedingt nach diesem Muster ablaufen müssen. Mir fielen andere Paare mit erfüllteren Beziehungen auf, und ich wusste, dass die Engel der Liebe sie mir als Beispiele zeigten.

Als ich Melissa begegnete, ergaben die Botschaften, die ich in den vorherigen Jahren erhalten hatte, plötzlich einen Sinn. Ohne diese Botschaften hätte ich vermutlich geglaubt, ich hätte die schönen Erfahrungen mit Melissa nicht verdient. Doch glücklicherweise hatte ich die Lektionen der Engel der Liebe nun verstanden und erkannte allmählich, dass das, was sich zwischen mir und Melissa anbahnte, keineswegs ungewöhnlich, sondern das Vorbild für eine Beziehung zwischen wahren Seelengefährten war.

Und so haben Melissa und ich uns im Laufe der Jahre immer mehr Wissen über gesunde Beziehungen und die zwischenmenschliche Kommunikation angeeignet, sei es durch Studien, Beobachtungen, Lektionen des Lebens oder die Lehren der Engel der Liebe.

Die Arbeit mit den Engeln der Liebe

Die Engel der Liebe unterscheiden sich ein wenig von den Engeln der Romantik, von denen Sie vielleicht schon gehört oder gelesen haben. Sie verfolgen ähnliche Ziele, deren Tragweite jedoch eine ganz andere ist. Anstatt sich überwiegend auf das Hier und Jetzt zu konzentrieren, wollen die Engel der Liebe hingegen sicherstellen, dass Ihnen die Beziehung langfristig guttut.

Was natürlich im Umkehrschluss nicht bedeutet, dass die Beziehung nicht romantisch sein dürfte! Im Gegenteil: Die Engel der Liebe wissen, dass eine lebendige und gesunde Beziehung nicht ohne Romantik zustande kommt und aufrechterhalten werden kann. Allerdings ist es absolut möglich, eine romantische Beziehung zu einem Menschen einzugehen, der nicht gut für einen ist. Man kann sogar sagen, dass einige der romantischsten Beziehungen aller Zeiten auch zu den ungesundesten Beziehungen aller Zeiten gehörten. Und deshalb wollen die Engel der Liebe sicherstellen, dass Ihre Beziehung sowohl leidenschaftlich als auch erfüllt ist. Sie lassen Sie hinter die Fassade der romantischen Liebe blicken und tiefer in die Liebe zwischen zwei wahren Seelengefährten eintauchen.

Die Zusammenarbeit mit ihnen ist der leichte Teil. Die göttlichen Wesen besitzen nicht nur die ewige Liebe, sondern auch unendliche Geduld; sie unterstützen Sie bedingungslos, wo sie nur können. Alles, worum Sie sie bitten, werden sie liebevoll und gründlich in Erwägung ziehen. Jedes Mal, wenn Sie ihre heiligen Namen um Hilfe anrufen, werden Sie von liebenden Wesen umgeben sein, die nur das Beste für Sie wollen. Und wenn Sie diesen Wesen der Liebe und des Lichts Ihr Vertrauen schenken, können Sie sicher sein, dass sie sich in jeder Hinsicht um Sie kümmern werden und Sie nichts zu befürchten haben.

Uns teilten die Engel der Liebe ihre Botschaften durch Gedanken, Visionen und Gefühle mit. Und wenn Sie beginnen, mit diesen mächtigen Wesen zu arbeiten, werden Sie auf die verschiedensten Arten und Weisen vielleicht auch Botschaften erhalten. Eine unsere Hauptmethoden, Informationen von den Engeln der Liebe zu bekommen, bestand darin, über spezielle Fragen, die wir hatten, zu meditieren und auf ihre Antworten zu lauschen. Beim Schreiben hatten wir so oft das Gefühl, die Engel führten uns die Hand, um genau das festzuhalten, was die Menschheit am meisten braucht.

Die Arbeit mit diesem Buch

Dieses Buch ist in gewisser Weise als Arbeitsbuch gedacht. Insbesondere die Schritte 3 und 4 sollten Sie immer wieder lesen, wenn Sie sie brauchen. Wir haben versucht, so viele Informationen wie möglich aufzuführen, dabei aber auch darauf geachtet, spirituellen Einsteigern den Zugang zur Arbeit mit den Engeln zu ermöglichen.

Beim Verfassen dieses Buchs haben uns viele Menschen die Geschichte ihrer erfüllten Liebe anvertraut, die sie mit der Hilfe Gottes und der Engel der Liebe gefunden haben. Wir erzählen diese inspirierenden Geschichten in einigen Kapiteln nach, um Ihnen zu zeigen, welche wundervollen und entscheidenden Auswirkungen die Kommunikation mit den Engeln der Liebe in Ihrem Leben haben kann.

Wenn Sie in der vorgeschlagenen Weise mit diesem Buch arbeiten, unabhängig von Ihren früheren Erfahrungen, werden Sie Ihre Chancen, den Richtigen oder die Richtige zu finden, erheblich verbessern. Dafür müssen Sie allerdings selbst auch etwas tun – der Glaube an Gott und die Engel allein reicht hier nicht aus. Dennoch setzt der Glaube voraus, dass Sie sich mit dem, was Sie tun, auch wohlfühlen. Sollte Ihnen irgendetwas –

inklusive der Schritte in diesem Buch – Unbehagen bereiten, sollten Sie damit aufhören.

– Die wichtigste Aufgabe, die nun vor Ihnen liegt, besteht darin, genau zu bestimmen, welche Art von Partner Sie sich wünschen (**Schritt 1**). Vielleicht haben Sie auch schon jemanden im Kopf, von dem Sie glauben, er sei perfekt für Sie. Das ist völlig in Ordnung – solange Sie sich deswegen anderen gegenüber nicht verschließen. Manchmal machen uns unsere Vorlieben blind und wir steigern uns in etwas hinein, das am Ende doch nicht das Richtige für uns ist.

– Die Engel der Liebe helfen uns dabei, den idealen Partner zu finden, aber nur wenn wir uns selbst nicht im Weg stehen. Deshalb müssen Sie sich erst einmal von vergangenen Verletzungen und Enttäuschungen heilen (**Schritt 2**). Nur so ist sichergestellt, dass die Beziehung zu Ihrem neuen Partner nicht belastet ist. Das klingt vielleicht etwas harsch, ist aber nur ehrlich gemeint. Schließlich wollen Sie ja auch niemanden, der voller Probleme steckt. Ebenso wünscht sich auch Ihr zukünftiger Partner einen Menschen, der stabil genug ist zu kommunizieren, ohne dabei beispielsweise gleich in Tränen auszubrechen oder einen Wutanfall zu erleiden. Wenn Sie sich vom Ballast der Vergangenheit befreien, können Sie sich voll und ganz auf die gemeinsame neue Reise konzentrieren und sie genießen.

– Haben Sie herausgefunden, was genau Sie sich bei einem Partner wünschen, werden die Engel Ihnen dabei helfen, diese Person anzuziehen **(Schritt 3)**. Mit Anziehung meinen wir selbstverständlich nicht nur körperliche Anziehung – wir meinen damit immer die Anziehung auf körperlicher, energetischer *und* spiritueller Ebene. Die Engel der Liebe werden die Blockaden beseitigen, die Sie selbst errichtet haben und die verhindern, dass die Liebe in Ihr Leben tritt. Dann steht nichts mehr zwischen Ihnen und der perfekten Beziehung, die Sie sich immer gewünscht und die Sie gebraucht und verdient haben.

– Vertrauen Sie darauf, dass die Engel Sie mit jemandem zusammenführen werden, der Ihnen mehr Erfüllung schenken *23.8.19* wird, als Sie sich vorstellen können. Sie brauchen nicht zu befürchten, dass dieser neue Partner dem, den Sie möglicherweise im Kopf haben, in irgendetwas nachsteht. Sollte der Mensch, nach dem Sie sich sehnen, allerdings tatsächlich der oder die Richtige sein, können Sie darauf vertrauen, dass die Engel Sie zusammenführen werden. In beiden Fällen heißt es also: vertrauen und loslassen.

– Nichtsdestotrotz haben auch Sie selbst noch einige Aufgaben vor sich **(Schritt 4).** Gott und die Engel der Liebe wollen, dass Sie den besten Seelengefährten bekommen, den Sie sich vorstellen können – dafür müssen Sie ihnen jedoch auf halbem Weg entgegenkommen. Sie müssen Ihr Urteilsvermögen nutzen, um herauszufinden, ob der neue Partner wirklich so perfekt ist, wie Sie im Überschwang des Verliebtseins glauben … oder ob er oder sie nur zufällig da ist und Ihnen ein wenig Aufmerksamkeit schenkt.

— Sollten Sie sich gerade in einer Beziehung befinden, möchten wir noch eine kleine Anmerkung machen: Wie bereits erwähnt, kann dieses Buch Ihnen auch dann helfen. Es kann Ihnen dabei helfen, Ihre bestehende Beziehung zu verbessern und Erfüllung mit dem Menschen zu finden, mit dem Sie bereits zusammen sind **(Schritt 5)**. Sollten Sie sich nach reiflicher Überlegung jedoch dazu entschließen, neue Wege zu gehen, wird Ihnen dieses Buch dabei helfen, eine neue Liebe zu finden und alte Verletzungen heilen zu lassen.

— Sehr empfehlenswert ist auch das Führen eines Tagebuchs bzw. das Festhalten von Notizen. Halten Sie für die verschiedenen Schreib- und Meditationsübungen in diesem Buch Stift und Papier griffbereit. Die Meditationen im **Anhang** klären den Geist von ablenkenden Gedanken; so können Sie sich ganz auf den Menschen konzentrieren, den Sie sich in Ihrem Leben wünschen.

Danke, dass Sie gemeinsam mit uns an diesem Abenteuer teilhaben möchten! Und nun: An die Arbeit!

Schritt 1

DIE PERFEKTE BEZIEHUNG

Wie sieht sie für Sie aus?

Gott und die Engel der Liebe sehnen sich sehr danach, Sie in der perfekten Beziehung zu sehen. Deshalb ist viel von der Führung, die Sie, die wir alle im Leben erhalten, auf eine liebevolle und erfüllte Partnerschaft ausgerichtet. Es bereitet den Engeln der Liebe zwar unendliche Freude, Ihnen beim Erreichen dieses Ziels zu helfen, aber dafür brauchen sie wiederum *Ihre* Hilfe. Damit sie Ihnen die perfekte Beziehung bescheren können, müssen Sie erst einmal wissen, was »die perfekte Beziehung« für Sie bedeutet.

Wenn wir von der perfekten Beziehung sprechen, muss klar sein, dass es die *Beziehung* ist, die perfekt sein soll – nicht derjenige, mit dem wir diese Beziehung eingehen. Jeder von uns, wirklich jeder, hat seine Fehler und Eigenheiten, die ihn einzigartig machen. Wir müssen diesen Fehlern und Schwächen des anderen Verständnis entgegenbringen und bereit sein zu verzeihen, ebenso wie wir uns wünschen, dass auch wir verstanden werden und dass auch uns verziehen wird. Es darf nie dazu kommen, dass wir so eigen werden, dem anderen die kleinen persönlichen Eigenarten nicht zu vergeben.

Unter der perfekten Beziehung versteht vermutlich jeder etwas anderes. Für die einen bedeutet sie, morgens neben dem Menschen aufzuwachen und abends neben dem Menschen einzuschlafen, in den man unsterblich verliebt ist. Für die anderen bedeutet sie vielleicht »nur«, mit jemandem zusammen zu sein, bei dem man ganz man selbst sein kann. Wieder andere wünschen sich jemanden, der sich haargenau für die gleichen Dinge interessiert wie sie selbst, einen treuen und beständigen Lebensgefährten.

Um den größten Nutzen aus den restlichen Schritten in diesem Buch zu ziehen, müssen Sie sich erst einmal darüber klar werden, was Sie selbst unter der perfekten Beziehung verstehen. Dabei will jeder Aspekt genauestens bedacht sein, doch vergessen Sie nie: Sie sind nicht allein. Sie können sich jederzeit an die Engel der Liebe wenden und sie um Hilfe bitten.

Lassen Sie uns diesen wichtigen Schritt gemeinsam mit einem Gebet beginnen:

Lieber Gott, bitte schicke mir jetzt Deine Engel der Liebe. Ich wünsche mir einen Partner, damit ich mein Lebensziel ohne die Bürde der Einsamkeit erreichen kann.

Engel der Liebe, bitte kommt jetzt zu mir und führt mich zur perfekten Beziehung. Blickt mir tief ins Herz und helft mir dabei, genau zu definieren, was ich mir bei einem Partner und einer Beziehung wünsche.

Ich bin offen für jedwede himmlische Unterstützung und jedwedes Eingreifen, das nötig ist, damit ich mein Ziel einer idealen Partnerschaft erreiche. Ich erwarte Güte und Freundlichkeit von meinem potenziellen Lebenspartner und bin bereit, dafür Güte und Freundlichkeit zurückzugeben.

Lieber Gott, Du, der Du der Göttliche Meister der Liebe selbst bist, bitte beschütze mich, während ich mich der Liebe öffne. Bitte schicke mir nur liebevolle Menschen und führe die, die auf anderen Pfaden wandeln als ich, auf ihren eigenen Weg zurück.

Ich danke Dir, lieber Gott. Ich danke euch, ihr Engel. Ich freue mich auf die gemeinsame Reise mit euch.

Dieses Gebet ist zwar nicht unbedingt notwendig, um den Prozess in Gang zu setzen, aber sehr hilfreich. Und noch einmal: Bitte denken Sie immer daran, dass himmlische Kräfte nach Ihnen sehen, dass Sie bei Ihrer Suche nicht allein sind, dass Sie immer Unterstützung haben. Es wird Ihnen die Suche enorm erleichtern, wenn Sie sich durch Gebete regelmäßig mit Ihrem Göttlichen Schöpfer verbinden.

Schreiben Sie es auf

Nun da Sie um himmlische Verstärkung gebeten haben, ist es an der Zeit, genau festzuhalten, was in Ihr Leben treten soll. Für diese Übung brauchen Sie Stift und Papier.

1. Schreiben Sie elf Charakterzüge auf, die Sie sich bei Ihrem Partner wünschen. Die 11 ist eine außerordentlich bedeutsame Engelszahl. Sie gilt als Meisterzahl und repräsentiert die Vereinigung der machtvollen männlichen Energie mit der nicht minder mächtigen weiblichen Energie. Indem Sie elf Charakterzüge festhalten, laden Sie Ihren Wunsch noch mit etwas Extraenergie auf. Auf eine bestimmte Reihenfolge kommt es dabei nicht an – schreiben Sie einfach auf, was und wie es Ihnen durch den Kopf geht. Ein Beispiel: Möchten Sie einen freundlichen Partner? Einen schönen? Einen reichen? Einen kontaktfreudigen? Einen großzügigen? Schreiben Sie auf, welche Eigenschaften Ihr neuer oder jetziger Partner besitzen sollte.

2. Nehmen Sie nun ein neues Blatt Papier und halten Sie die Umstände fest, in denen Sie sich mit diesem Partner sehen. Wie soll die Beziehung aussehen? Sind Sie miteinander verheiratet? Oder soll es eine nichteheliche Lebensgemeinschaft sein? Haben Sie Kinder, einen Hund, ein Häuschen mit Garten? Basiert Ihre Beziehung auf der beiderseitigen Liebe zu Harley-Motorrädern? Zu Tennis? Dieser Teil der Übung dient dem Zweck, an jeden einzelnen Aspekt der

Beziehung zu denken. Denn was nützt der perfekte Partner, wenn er etwas völlig anderes will als man selbst?

Gerade am Anfang sollten Sie zwar sehr genau sein, wenn es darum geht, die Art von Beziehung zu definieren, die Sie sich wünschen, doch das schließt natürlich nicht aus, dass Sie Ihre Meinung zu einem späteren Zeitpunkt nicht auch ändern dürfen. Problematisch könnte es allerdings werden, wenn Sie jetzt aufschreiben, keine Ehe zu wollen, später aber beschließen, dass eine Heirat doch gar keine so schlechte Idee wäre. Doch auch einem solchen Dilemma können Sie mit ein wenig Vorausschau vorbeugen: indem Sie sich bei Ihrem zukünftigen Partner Flexibilität wünschen.

Sie haben nun zwei Blatt Papier vor Ihnen: Auf dem einen haben Sie einige sehr spezifische Persönlichkeitsmerkmale festgehalten, auf dem anderen eine genaue Beschreibung dessen, welche Art von Beziehung Sie sich wünschen. Das mag zunächst einfach erscheinen, ist aber ein wirklich guter Anfang. Der Großteil aller Beziehungen entsteht trotz bzw. zerbricht an gegensätzlichen Persönlichkeitsmerkmalen und dem Streben nach unterschiedlichen Lebenszielen.

Nun könnte man ein drittes Blatt Papier mit Eigenschaften füllen, die man keinesfalls an einem Partner akzeptieren würde. Uns ist es jedoch lieber, wenn Sie sich auf das konzentrieren, was Sie in Ihr Leben ziehen möchten, statt darauf, was Sie vermeiden wollen. Eine positive Grundeinstellung wird Ihnen nicht nur bei diesen Übungen, sondern insgesamt im Leben mehr Erfolg bringen und dafür sorgen, dass in Erfüllung geht, was Sie sich wünschen. Wir sprechen hier auch von Manifestationen – von Zielen, die Sie mit himmlischer Hilfe erreichen. Bei diesen Zielen kann es sich um Gegenstände handeln, um Geld oder auch um einen Seelengefährten.

Im Vergleich zu ihren positiven Gegenstücken bergen negative Worte, Gedanken und Gefühle sehr wenig Energie. Damit sind sie zwar nicht notwendigerweise schädlich, wohl aber mehr oder weniger nutzlos. Versuchen Sie zu erreichen, was Sie sich wünschen, und haben Sie dabei eine negative Grundeinstellung, können Sie die erforderliche Menge an Energie nicht kanalisieren und damit auch nicht sicherstellen, dass die Energie dort landet, wo sie gebraucht wird.

Umgekehrt bergen positive Worte, Gedanken und Gefühle eine enorme Menge an Energie, was sich eins zu eins darin äußert, dass Ihre Wünsche in Erfüllung gehen. Das liegt in erster Linie daran, dass Gott und die Engel nicht wollen, dass Sie so viel Negatives mit sich herumschleppen, und deshalb aktiv verhindern, dass es sich in Ihrem Leben manifestiert. Sind Sie hingegen positiv eingestellt, arbeiten Sie Hand in Hand mit dem Himmel und finden in dieser harmonischen Verbindung alle Unterstützung, die Sie brauchen.

Natürlich lassen sich negative Situationen im Leben nicht immer verhindern. Wenn Sie es zulassen, werden sie Ihre Stimmung, Gedanken und Emotionen negativ beeinflussen. Damit meinen wir nicht, dass Sie nicht ausdrücken sollten, was Sie wirklich fühlen – Sie sollten nur alle negativen Manifestationen in dieser Zeit vermeiden.

Wenn Sie schon einen Partner haben und hoffen, dass er sich in den Partner verwandelt, mit dem Sie eine lebenslange Beziehung eingehen möchten, unterscheidet sich das Vorgehen nicht allzu sehr vom gerade beschriebenen. Selbstverständlich ist hier der Spielraum merklich kleiner als bei der Suche nach einem neuen Partner. Geht es bei Ihnen also um eine bereits existierende Beziehung, müssen Sie das Recht Ihres Partners auf freien Willen mit in Betracht ziehen und akzeptieren, dass sich vielleicht nicht jeder Charakterzug in einen verwandeln lässt, der Ihnen gefällt. Schließlich ist wahre Liebe bedingungslose Liebe.

Legen Sie die beiden Blatt Papier fürs Erste nun beiseite, lesen Sie sich die Zettel aber hin und wieder durch, um den Inhalt zu prüfen. Falls sich etwas an Ihrer Meinung geändert hat, aktualisieren Sie die Liste. Je präziser die Spezifizierungen sind, desto genauer werden sie sich in Ihrem Leben manifestieren. Die Auswahlmöglichkeiten hinsichtlich der Persönlichkeitsmerkmale, des Aussehens und der inneren Werte sind beinahe endlos – je genauer Sie sie festhalten, desto besser ist es.

Wünschen und erstreben vs. wählerisch sein

Es ist nichts dagegen einzuwenden, Anforderungen an den Menschen zu stellen, den man in sein Leben ziehen möchte. Sicherlich wäre es unfair, von einem Partner, mit dem man bereits zusammen ist, zu erwarten, dass er jede einzelne dieser Anforderungen erfüllt. Glücklicherweise gilt diese Einschränkung jedoch nicht für jemanden, der Ihnen erst noch begegnen wird. Wenn es also eine Zeit gibt, richtig wählerisch zu sein, dann jetzt, *bevor* Sie mit Ihrem zukünftigen Partner zusammenkommen. Danach werden Sie wie üblich tolerant und entgegenkommend sein wollen.

Ein sehr wichtiger Teil dieses Schrittes ist auch das Verzeihen. Vielleicht fragen Sie sich jetzt, warum es notwendig werden sollte, jemandem zu verzeihen, der doch perfekt für einen ist. Ganz einfach: Nur weil jemand perfekt *für Sie* ist, heißt das noch lange nicht, dass dieser Jemand generell perfekt ist. Dieser Jemand wird ebenso wie Sie Fehler machen und er wird Vergebung brauchen, ebenso wie Sie. Handelt es sich bei diesen Fehlern allerdings um Fremdgehen oder Missbrauch in irgendeiner Form, also um ernsthafte Verhaltensprobleme, sind diese natürlich nicht ohne Weiteres zu tolerieren. Doch selbst der umwerfendste Prinz und die schönste Prinzessin sind Menschen – und Menschen haben nun einmal menschliche Schwächen.

Vielleicht fragen Sie sich auch, was der Unterschied ist zwischen dem Wunsch und dem Streben nach der perfekten Beziehung und bloßem Wählerischsein. Nun, da besteht ein himmelweiter Unterschied. Sich die perfekte Beziehung zu wünschen bedeutet, sich jemanden zu wünschen, der einen ebenso ergänzt wie man ihn ergänzt. Die perfekte Beziehung bedeutet ein

Leben im Einklang mit dem Besten in uns selbst, geleitet von Gott und den Engeln. Wählerisch zu sein ist hingegen nur eine Form der Kontrolle. In einer perfekten Beziehung aber hat keiner der Partner die Kontrolle über den anderen; sie arbeiten gemeinsam daran, sich gegenseitig zu verbessern.

Affirmationen wirken anziehend

Affirmationen sind ein weiteres sehr nützliches Werkzeug, um die perfekte Beziehung in Ihr Leben zu ziehen. Ebenso wie Gebete sind auch Affirmationen eine Möglichkeit, den eigenen Wünschen Ausdruck zu verleihen, damit die Engel der Liebe helfend eingreifen können. Gott und die Engel würden Ihnen liebend gern in allen Belangen Ihres Lebens beistehen; doch da Sie mit einem freien Willen gesegnet sind, können sie nur eingreifen, wenn Sie sie um Hilfe bitten. Und das wiederum können Sie mit wiederholten Affirmationen tun und müssen so nie ohne himmlische Führung auskommen.

Bei Affirmationen handelt es sich im Großen und Ganzen um positive Worte, Gedanken und Sätze, die Sie ständig wiederholen. Sie sprechen sie in der Gegenwartsform, um sich klarzumachen, dass Sie nicht auf eine sagenumwobene Zukunft warten. Indem Sie sagen, dass die gewünschten Dinge oder Situationen bereits Teil Ihres Lebens sind, planen Sie sie als tatsächliche Möglichkeit ein. Lässt sich die Zukunftsform einmal gar nicht vermeiden, beschränken Sie sie auf einen präzisen Zeitraum, etwa die nächste Woche oder in 14 Tagen, statt »bald« oder, noch schlimmer, »irgendwann« zu sagen.

Sie können Affirmationen auch dazu nutzen, sich die Merkmale Ihrer perfekten Beziehung genau vor Augen zu führen. Mit anderen Worten: Wenn Sie sich eine Beziehung in Ihrem Leben wünschen, warum dann nicht auch Klarheit im Hinblick auf Ihre Wünsche? Ihrer Fähigkeit, das, was Sie sich wünschen, in Ihr Leben zu ziehen, sind keine Grenzen gesetzt.

Computerliebe

Robert, aus Calgary, Alberta, war viele Jahre lang Programmierer und tat sich sehr schwer, Zeit und Energie dafür zu finden, auszugehen und sich mit Frauen zu treffen. Diejenigen, die er getroffen hatte, schienen eher auf der Suche nach einem männlichen Hausmädchen als nach einem gleichberechtigten Partner gewesen zu sein. Als Robert sich schon beinahe damit abgefunden hatte, den Rest seines Lebens allein zu verbringen, beschloss er, es mit dem Manifestieren der Liebe seines Lebens zu probieren, nur so, als Experiment. Schließlich hatte er nichts zu verlieren.

Im Laufe der darauffolgenden drei Monate widmete sich Robert dem intensiven Gebet, indem er seine zukünftige Frau bat, zu ihm zu kommen, sowie der Affirmation, eine liebevolle und von gegenseitigem Respekt geprägte Beziehung zu leben. Zuerst ging er weiterhin nicht viel aus, war er doch immer noch recht skeptisch. Allmählich zwang er sich jedoch immer mehr dazu, Veranstaltungen und Cafés zu besuchen, um das Experiment bis zum Ende durchzuziehen.

Eines Tages saß er in einem Café und blätterte in einer Computerzeitschrift, als eine Frau auf ihn zukam. Robert war etwas zögerlich, weil er bisher nur ziemlich aggressive Frauen kennengelernt hatte. Doch diese Frau übte eine starke Anziehungskraft auf ihn aus; er hielt sie für eine göttliche Fügung und wich der Frau deshalb nicht aus. Sie entpuppte sich als Autorin des Leitartikels der Zeitschrift – sie hatte gesehen, dass Robert ihn gelesen hatte. Und da er sehr vertieft gewesen zu sein schien – es war der erste Artikel, den sie je für eine Computerzeitschrift verfasst hatte –, wollte sie seine Meinung darüber wissen.

Er sagte ihr, wie sehr ihm der Artikel gefallen habe, und so entspann sich ein Gespräch. Dem Gespräch folgten mehrere Dates, heute sind die beiden glücklich verlobt.

Robert erzählt, er habe viel über die Welt jenseits des Computers gelernt, während seine Verlobte viel *über* Computer gelernt habe. Beide fühlen sich nun, da sie einander gefunden haben, in jedem einzelnen Bereich ihres Lebens viel wohler. Robert schreibt es den Engeln der Liebe zu, seine Partnerin fürs Leben gefunden zu haben: Sie hätten ihn motiviert, in die Welt hinauszugehen und die Beziehung zu finden, nach der er gesucht hat.

Roberts Geschichte zeigt, dass man auch mit einem wirklich nur flüchtigen Wissen und ganz grundsätzlichen Kenntnissen in Sachen Spiritualität erstaunliche Ergebnisse erzielen kann.

Roberts Kenntnisse über Gebete und Affirmationen stammten aus einem Buch, das er zehn Jahre zuvor gelesen hatte. Es stimmt zwar, dass Übung den Meister macht und dass ein spirituelles Bewusstsein letztlich zu einem erfüllten Leben führt, doch können auch absolute Neulinge ihre Situation mithilfe dieser Werkzeuge enorm verbessern. Roberts Geschichte erinnert daran, dass wir alle die gleiche Verbindung zu Gott und den Engeln haben, von ihnen alle gleich geliebt werden.

Der nächste Abschnitt in diesem Kapitel beschäftigt sich damit, wie Sie die mächtigen Werkzeuge der Manifestation für sich nutzen können. Selbst wenn Sie das Gefühl haben, dass kein Bereich Ihres Privatlebens einer Verbesserung bedarf, ist es das Experiment doch wert. Sie wollen sicherlich vorbereitet sein, wenn jemand in Ihr Leben tritt, um es mit Ihnen und Ihren Angewohnheiten zu teilen. Für eine perfekte Beziehung braucht es immer noch zwei.

Lassen Sie es fließen

Affirmationen können sehr einfach oder sehr komplex sein, ganz wie Sie wollen. Und es ist nicht zwangsläufig so, dass komplexe Probleme auch komplexe Affirmationen erfordern. Meist lautet die Devise: Je einfacher, desto leichter lässt sich damit umgehen. Für den Zweck dieses Kapitels reicht es aus, dass die Affirmationen so einfach wie möglich sind. Ihr Ziel ist es, die für Sie perfekte Beziehung zu definieren und sich dabei in erster Linie auf die gewünschten Charakterzüge Ihres Partners zu konzentrieren.

Versuchen Sie nun, die folgende Affirmation so oft wie möglich zu wiederholen. Auf manche Menschen wirkt die Wiederholung von Affirmationen wie ein Mantra, das hilft, den Geist zu öffnen. Reicht es Ihnen jedoch, die Affirmation nur ein Mal auszusprechen, ist das auch in Ordnung – vorausgesetzt, Sie haben sie aus tiefstem Herzen gesprochen. Zögern Sie noch oder schweift Ihr Geist beim Lesen und Sprechen ab, möchten Sie die Affirmation vielleicht noch einmal aufsagen, bis es Ihnen leichtfällt, sie laut auszusprechen.

Die Affirmation hilft Ihnen dabei, eventuelle Schuld- oder andere negative Gefühle Ihnen selbst gegenüber aufzulösen, die Sie unter Umständen daran hindern, die Liebe Ihres Lebens zu finden.

Ich verdiene es, glücklich zu sein, in jeder Hinsicht. Ich bin ein wertvoller Partner, der stark ist in seinen Beziehungen. Ich akzeptiere nur liebevolle Menschen, Gedanken und Energien in meinem Leben. Ich lebe die perfekte Beziehung jetzt und für alle Zeit.
Meine Beziehung gleicht mich aus und inspiriert mich. Aus dieser Beziehung erwächst nur Gutes. Als Team arbeiten

wir gemeinsam daran, unser Lebensziel zu erreichen und uns dabei gegenseitig liebevoll zu unterstützen.

Wie Sie sehen, ist diese Affirmation nicht allzu lang und umfasst keine Aspekte, die in keinem Bezug zu Ihrem Wunsch nach der perfekten Beziehung stehen. Der Gebrauch entschlossener Aussagen in der Gegenwartsform stellt sicher, dass Ihr Ziel nicht im Nebulösen einer fernen Zukunft verschwindet. All dies geschieht *jetzt,* in dem Augenblick, in dem Sie diese Zeilen lesen. Das Universum ist konstant in Bewegung, immer im Fluss, und Sie sind Teil dieses Flusses.

Ängste und Sorgen lindern

Nun haben Sie diese einfache Affirmation gesprochen, und sie kann ihren Zauber wirken, während Sie die Gedanken und Gefühle, die sie in Ihnen auslöst, in einem Tagebuch festhalten. Haben Sie sich beim Sprechen der Affirmation einfach nur gut gefühlt – großartig! Falls nicht, versuchen Sie, den Ängsten und Sorgen, die möglicherweise aufgetaucht sind, Ausdruck zu verleihen. Was auch immer Sie sich in Ihrem Leben wünschen, die Angst vor Erfolg kann verhindern, dass Ihre Wünsche Realität werden. Deshalb sollten Sie sich eventuell auftauchenden Ängsten und Sorgen stellen.

Sollten Sie sich beispielsweise Gedanken darüber machen, dass die für Sie perfekte Beziehung Sie von Ihrem Lebensziel abbringt – oder Ihr Leben generell auf den Kopf stellt –, können Sie die Engel der Liebe darum bitten, Sie von dieser Angst zu befreien. Vielleicht befürchten Sie, dann Ihre alten Freunde zu verlieren oder dass Lebensumstände eintreten, auf die Sie nicht vorbereitet sind. Wenn Ihre Wünsche in Erfüllung gehen, wird sich Ihr Leben zwar tatsächlich ändern, doch alle Veränderungen werden immer nur zu Ihrem Besten sein. Mit anderen Worten: Es werden *wundervolle* Veränderungen sein! Und was Ihr Lebensziel angeht: Sie besitzen bestimmte Gaben, die Ihnen den Erfolg garantieren. Die perfekte Beziehung wird Ihrem Lebensziel sicherlich nicht im Wege stehen, sondern im Gegenteil dazu beitragen, dass Sie es erreichen; sie wird Ihnen die Kraft geben, auf Ihrem eingeschlagenen Lebenspfad zu bleiben.

Falls Sie festgestellt haben, dass die Angst vor Erfolg Ihre Wünsche sabotieren will, gibt es viele Möglichkeiten, diese Angst zu lindern.

Zum einen dürfen Sie nie vergessen, dass sich nur manifestiert, was zum Nutzen und Wohle aller ist.

Zum anderen erlebt jeder von uns von Zeit zu Zeit eine solche Angst vor Erfolg. Sie sind also auch hier nicht allein, und die Angst bedeutet nicht, dass Sie Ihrer Wünsche – nämlich zu lieben und geliebt zu werden – nicht würdig wären. Konzentrieren Sie sich darauf, sich von solcherlei äußeren Ablenkungen zu befreien; sie bringen Sie nur von Ihrem Pfad ab. Vielleicht denken Sie, Ihre finanzielle Situation stünde einer perfekten Beziehung im Weg. Vielleicht denken Sie sogar, aufgrund Ihres finanziellen

Status hätten Sie gar keine Beziehung verdient. Doch genau aus diesem Grund wollen die Engel der Liebe, ebenso wie die Engel der Fülle, dass Sie sie um Hilfe bitten.

(Die Engel der Fülle sind eng mit den Engeln der Liebe verwandt: Beide werden uns geschickt, um Hindernisse aus dem Weg zu räumen und uns beim Erreichen unseres Lebensziels zu helfen. Im Fall der Engel der Fülle sind diese Hindernisse, wie Grant und seine Mutter Doreen Virtue in ihrem Buch *Himmlische Fülle* näher ausführen, hauptsächlich finanzieller Natur, können aber auch andere Lebensbereiche umfassen, in denen wir uns mehr Fülle wünschen. Sie wissen, dass Sie Ihre Mission umso sicherer erfüllen werden, je mehr Hindernisse sie beseitigen.)

Durch Träume mehr Klarheit gewinnen

Sollten Sie nicht sicher sein, welche Ängste genau Sie davon abhalten, die perfekte Beziehung einzugehen, können Sie die Engel der Liebe darum bitten, Ihnen in Ihren Träumen klare Führung zu schenken. Ja, Sie haben richtig gelesen: Ihre Träume sind Botschaften des Göttlichen! Wie Melissa und Doreen bereits in ihrem gemeinsamen Buch *Angel Dreams* geschrieben haben, sind Träume ein wichtiges Werkzeug für spirituelles Wachstum.

Bitten Sie die Engel der Liebe darum, Ihnen in Ihren Träumen Erkenntnis zu schenken. Im Schlaf hat das Bewusstsein keinen störenden Einfluss, was es den Engeln der Liebe und anderen himmlischen Botschaftern ermöglicht, Ihnen wichtige Informationen mitzuteilen. Rufen Sie die Engel der Liebe vor dem Einschlafen an und bitten Sie sie, Ihnen alle Ängste zu enthüllen, die Ihren Seelengefährten vielleicht noch auf Abstand halten. Im Traum bringen die Engel der Liebe Ihnen die Antworten, die Sie brauchen. Wenn Sie dann am Morgen erwachen, sollten Sie die Botschaft, die Sie in Ihren Träumen erhalten haben, als Allererstes aufschreiben. Sie wird Ihnen ganz bestimmt dabei helfen, Ihre Situation besser zu verstehen und Ihnen Klarheit hinsichtlich der Blockaden auf Ihrem Weg verschaffen. Anschließend können Sie diese Ängste mit wirkungsvollen Affirmationen bekämpfen.

Maßgeschneiderte Affirmationen

Natürlich sind Sie nicht auf die obige Affirmation beschränkt. Sie können eigene Affirmationen aufschreiben, die genau an Ihre Bedürfnisse und an die Art von Beziehung, die Sie sich wünschen, angepasst sind. Und nach den Schritten in diesem Kapitel haben Sie sicherlich schon eine präzisere Vorstellung von der Person und der Beziehung, die Sie in Ihr Leben ziehen möchten. So sollte es Ihnen auch leichter fallen, eigene, maßgeschneiderte Affirmationen zu kreieren: Formulieren Sie sie so – als Aussage und in einem glaubhaften, zuversichtlichen Ton –, als führten Sie die gewünschte Beziehung bereits. Positive Worte, mit Zuversicht und kraftvoll gesprochen, können erstaunliche Veränderungen in Ihrem Leben bewirken.

Nach den Übungen in diesem Kapitel sollten Sie zu einer recht genauen Definition Ihrer ganz persönlichen perfekten Beziehung gelangt sein. Noch einmal sei betont, dass sich diese Definition im Laufe der Zeit auch ändern kann und darf. Sie reifen und entwickeln sich ständig, und so sollte auch die Definition reifen und sich entwickeln. Würden Sie sich nur an den Kriterien orientieren, die Sie aufgestellt haben, als Sie noch jünger waren, würde Ihr jetziges Selbst die daran ausgerichtete Beziehung wahrscheinlich unbefriedigend finden.

Bewahren Sie die Listen und andere Aufzeichnungen auf, die Sie während der Arbeit an diesem Kapitel gemacht haben; wir kommen in nachfolgenden Kapiteln darauf zurück, etwa in den späteren Manifestationsübungen. Sollten die Auflistungen jedoch nicht mehr zutreffend sein, können Sie jederzeit neue verfassen.

Bravo!

Herzlichen Glückwunsch! Sie haben den ersten Schritt zu Ihrer perfekten Beziehung getan. Oft ist der erste Schritt der schwerste – und so haben Sie auf Ihrem Weg einen gewaltigen Sprung vorwärts gemacht. Im nächsten Kapitel geht es dann gleich schwungvoll weiter. Ruhen Sie sich also erst einmal aus, Sie haben es sich verdient!

Schritt 2

LASSEN SIE LOS,
WAS SIE ZURÜCKHÄLT

Weg mit dem alten Ballast!

Gott und die Engel lieben Sie genau so, wie Sie sind; sie wissen, dass Sie ein himmlisches und vollkommenes Wesen sind. Leider sind die Menschen nicht immer so einsichtsvoll und klug.

Jeder Mensch befindet sich dort, wo er sich befindet, weil zahllose äußere Umstände ihn dorthin gebracht haben – Umstände, die wir größtenteils nicht kontrollieren können. Mit dem Endergebnis, dass es viele großartige Menschen gibt, wir alle aber Bereiche in unserem Leben haben, denen ein wenig Feinabstimmung nicht schaden könnte. Und bei manchen ähnelt diese Feinabstimmung schon eher einer Generalüberholung.

In diesem Kapitel widmen wir uns den Dingen in Ihrem Leben, die Ihnen nicht mehr dienlich sind – von Angewohnheiten und Eigenheiten über Besitztümer bis hin zu Ex-Partnern und sogar Orten – und von denen Sie sich deshalb befreien sollten. Nur Sie allein wissen, was zum Ballast in Ihrem Leben gehört, zu dem, was Sie davon abhält, Ihre Ziele zu erreichen; niemand sonst kann das für Sie entscheiden. Wichtig ist aber, dass Sie sich von diesen Dingen oder Menschen befreien – für immer; dass Sie die Blockaden einreißen, die zwischen Ihnen und der Erfüllung Ihrer Wünsche stehen. Manchmal sind diese Blockaden wie klebrige Spinnweben, die sich über Ihr ganzes Leben ausbreiten. Erst wenn Sie reinen Tisch gemacht und alles nicht mehr Gewollte und Gebrauchte beiseitegefegt haben, können Sie das, was Sie sich wünschen, in Ihr Leben ziehen, auch die perfekte Beziehung.

Mithilfe Gottes und der Engel der Liebe werden diese Altlasten für immer verschwinden und Sie fortan nicht mehr heimsuchen – sie haben ausgedient. Natürlich ist nicht alles, von dem Sie sich verabschieden sollten, grundsätzlich schlecht. Wir treffen kein Urteil darüber, ob diese Dinge eine Daseinsberechtigung haben, ob sie »richtig« oder »falsch« sind. Wir beschäftigen uns lediglich damit, sie aus Ihrem Leben zu entfernen, damit Sie weiterziehen und wachsen können.

Befreiungstechniken

Wie aber diese ungewollten und unwillkommenen Einflüsse loswerden? Auch hier lautet der erste Schritt: um Hilfe bitten. Wie bereits erwähnt, hat der Mensch einen freien Willen, was ein Segen und Fluch zugleich sein kann. Wenn wir jedoch um himmlische Hilfe bitten, wann immer wir sie brauchen, können wir die Gabe des freien Willens in einen reinen Segen verwandeln. Indem wir Gott die Erlaubnis erteilen, in unserem Sinne einzugreifen, bekommen wir das Beste aus beiden Welten: Selbstbestimmung und wohlwollende Führung.

Es gibt mehrere Möglichkeiten, um Hilfe zu bitten. Jede von ihnen ist effektiv, doch mag die eine für den einen wirksamer sein als die andere. Vielleicht fühlen wir uns mit der einen Methode einfach wohler als mit der anderen, vielleicht hilft uns die eine besser als die andere dabei, uns auf die vor uns liegende Aufgabe zu konzentrieren. Deshalb empfehlen wir, alle Methoden auszuprobieren, um herauszufinden, welche individuell am besten funktioniert. Denn die Dienlichkeit eines Werkzeugs lässt sich allein daran messen, wie gut man damit zurechtkommt. Da kann das Werkzeug noch so schön und verlockend sein – erreichen wir damit nicht, was wir wollen, passt das Werkzeug eben nicht zu uns.

Für diejenigen, die die Dinge generell ein wenig technischer sehen, sei erwähnt, dass die Methoden nicht unbedingt in die Kategorie »Manifestation« fallen, sondern eher in die Kategorie »Befreiung«. Außerdem kann es sein, dass die verschiedenen Befreiungstechniken mal mehr, mal weniger effektiv sind, je nach Tageszeit, Mondphase oder Jahreszeit. All dies kann die Befreiungsenergie stärken oder mindern. Das kann man mit dem Treibstoff für ein Fahrzeug vergleichen: Je mehr Treibstoff

(Energie) das Fahrzeug hat, desto weiter kann es fahren, um an seinen Bestimmungsort (Befreiung) zu gelangen. Mit nur wenig Treibstoff kommt auch das beste Auto nicht weit. Auf ähnliche Weise kommen auch Sie mit Ihren Absichten weiter, wenn die Bedingungen stimmen und Sie einen »vollen Tank« haben. Deshalb ist es durchaus sinnvoll, auf Dinge wie Tages- oder Jahreszeit oder den Stand des Mondes zu achten: Damit kann man sicherstellen, mit »hochoktanigem« Treibstoff zu fahren.

Wenn Sie also festgestellt haben, dass manche Zeitpunkte für Sie energetisch effektiver sind als andere, sollten Sie Ihre Anwendungen darauf abstimmen. Dafür eignet sich beispielsweise die folgende Vollmond-Befreiungszeremonie – aber Sie können natürlich auch selbst eine erfinden. Die besten Tageszeiten für Befreiungstechniken sind die Dämmerung und der Sonnenuntergang, die in dieser Hinsicht potenteste Jahreszeit ist der Spätherbst sowie der komplette Winter. Wer allerdings begierig darauf ist, sich sofort von vergangenen Verletzungen, Sorgen und Lasten zu befreien, darf natürlich jederzeit loslegen.

Vollmond-Befreiungszeremonie

Diese Zeremonie können Sie jederzeit an einem Vollmondtag oder am Abend vor dem Zubettgehen durchführen – drinnen oder draußen, ganz wie Sie wollen.

Das brauchen Sie dafür: Stift, mehrere Papierzettel, eine feuerfeste Schale oder einen Kochtopf, eine kleine Schale mit Wasser, eine Kerze, Streichhölzer oder ein Feuerzeug, einen heiligen Ort (einen kleinen oder größeren Bereich, an dem Sie ungestört sind, auch vor Anrufen und Handynachrichten) sowie einen Altar oder einen Tisch.

Vorbereitung: Räumen Sie den Ort auf und drapieren Sie ein schönes Tuch Ihrer Wahl über Ihren Altar. Schmücken Sie ihn und den Ort mit heiligen oder persönlichen Gegenständen, etwa frischen Blumen, Kristallen oder Heilsteinen (der Mondstein eignet sich am besten zur Einstimmung auf die rhythmischen Energien des Vollmonds), einer Topfpflanze, Weihrauch, Musik oder spirituellen Symbolen. Stellen Sie beide Schalen sowie die Kerze auf den Tisch und legen Sie die Streichhölzer oder das Feuerzeug daneben.

1. Segnen Sie den Ort mit einem Gebet, mit Musik, Glöckchen oder den Klängen einer Klangschale oder besprenkeln Sie ihn mit Wasser. Sie können ihn auch mit einem Räucherritual reinigen oder die Silbe *Om* intonieren.
2. Reinigen Sie Ihre Energie, indem Sie sich einen Wasserfall aus silbernem Licht vorstellen, der vom Scheitel aus über Ihren ganzen Körper strömt und dabei alle negative Energie fortspült.
3. Zünden Sie die Kerze an.
4. Atmen Sie einige Male tief durch und rufen Sie Ihre himmlischen Helfer an: Ihren Seelenführer, Engel, verstorbene

Angehörige, aufgestiegene Meister oder ein anderes Wesen der göttlichen Liebe und des Lichts, das Ihnen bei Ihrer Befreiungszeremonie beistehen soll.

5. Schreiben Sie nun alles auf, wovon Sie sich befreien möchten, auch einschränkende Gedanken. Benutzen Sie für jeden Punkt einen eigenen Zettel.

6. Verbinden Sie sich durch einen weiteren tiefen Atemzug mit Ihrem Herzen. Sagen Sie dann laut: »Ich befreie mich von _____ (lesen Sie einen der Punkte auf den Zetteln vor). So soll es sein.«

7. Halten Sie den betreffenden Zettel in die Kerzenflamme und legen Sie ihn dann angezündet in die feuerfeste Schale.

8. Wiederholen Sie die Schritte 6 und 7 mit allen restlichen Papierzetteln.

9. Legen Sie Ihre Hände in die Schale mit Wasser, um sich von Altem zu reinigen und Neues zu initiieren. Seien Sie dankbar. Sie können sich anschließend auch selbst ein wenig mit dem Wasser besprengen.

10. Bleiben Sie nun noch einige Minuten still sitzen und atmen Sie wieder tief ein und aus. Löschen Sie die Kerze, wenn Sie so weit sind.

Gebet

Die eben beschriebene Zeremonie sollte nur bei Vollmond durchgeführt werden. Wenn im Augenblick aber eine andere Mondphase vorherrscht und Sie sich sofort von Ballast befreien wollen, steht Ihnen noch eine andere, weitaus einfachere Möglichkeit zur Verfügung: das Gebet. Wir haben uns dem Gebet schon kurz zu Beginn von Schritt 1 gewidmet, möchten hier aber noch einmal betonen, dass das Gebet für jeden etwas anderes bedeuten kann. Für den Zweck dieses Buchs sollten Sie die Form des Gebets praktizieren, bei der Sie sich am wohlsten fühlen. Im Folgenden finden Sie ein beispielhaftes Befreiungsgebet; das sollten Sie jedoch nur aufsagen, wenn es Sie auch wirklich anspricht. Studien zufolge sind Gebete nur dann effektiv, wenn sie aufrichtig – still oder laut – gesprochen werden. Ist Ihnen ein bestimmtes Gebet aus irgendeinem Grund unangenehm, dann fehlt es ihm automatisch an Aufrichtigkeit und es wird deshalb auch wirkungslos bleiben.

Sie können sowohl in der Gruppe als auch alleine beten. Manche sprechen Gebete gern laut, andere beten lieber stumm. Manchen wurde beigebracht, immer dasselbe Gebet aufzusagen, unabhängig von den äußeren Umständen, andere treten lieber in einen ausführlichen, situationsbezogenen Dialog. Doch wie auch immer Sie beten – zu *wem* auch immer Sie beten: Sie haben immer den Trost, dass es tatsächlich funktioniert.

Das Gebet gehört zu den mächtigsten Werkzeugen überhaupt, die uns zur Verfügung stehen; deshalb ist es mehr als verwunderlich, dass es in unserer Gesellschaft so oft vernachlässigt wird. Das liegt möglicherweise auch an der Tatsache, dass Gottesdienste immer schlechter besucht sind und viele glauben, die Kirche sei der einzig richtige Ort für Gebete. Es ist jedoch keineswegs notwendig, sich an einem religiösen Ort aufzuhalten, um eine spirituelle Erfahrung zu machen – und das Gleiche gilt auch für das Gebet. Sie können beten, wann immer und wo immer Ihnen danach ist.

Was das Gebet zu einem so mächtigen Werkzeug macht, ist im Wesentlichen, dass Sie in einen persönlichen Dialog mit Ihrem Schöpfer treten. Wir alle wissen doch, dass der sicherste Weg, etwas zu bekommen, der ist, darum zu bitten. Und wer wäre als Adressat hier besser geeignet als der Schöpfer aller Lebewesen und Dinge? Ein recht vorlauter Leser hat diese wichtige Erkenntnis neulich mit dem alten Janis-Joplin-Song »Mercedes Benz« verglichen, in dem sie den Herrn darum bittet, ihr ein solches Luxusgefährt zu kaufen. Aber auch wenn der Leser und wahrscheinlich auch Miss Joplin sich nur lustig gemacht haben – an der Tatsache an sich ändern sie damit nichts.

Der Glaube an die Macht des göttlichen Schöpfers führt zur Aufrichtigkeit beim Gebet, was wiederum dazu führt, dass das Gebet erhört wird. Wie also kann ein zynischer Mensch je wirklich die Macht des Gebets testen? Wird das Ergebnis nicht schon durch den Zweifel getrübt?

Natürlich darf jeder glauben, was er will, doch sind aufgeschlossene Menschen im Allgemeinen glücklicher und auch erfolgreicher. Wir wollen hier niemanden zu einer bestimmten Religion »bekehren«. Unserer Meinung nach ist der Glaube eine der persönlichsten Sachen auf der ganzen Welt. Einen Glauben über einen anderen zu stellen kann niemals zu Frieden und

Glück führen. Umgekehrt aber ist der Glaube – welche Gestalt auch immer er annimmt – eines der Schlüsselelemente zu wahrem Glück.

Ein Gebet, das alte Verletzungen heilen lässt, muss nicht zwangsläufig allumfassend sein, um wirken zu können. Sie müssen keine Fehler »beichten«, außer wenn Sie das wollen. Wenn Sie selbst wissen, was aus der Vergangenheit Sie belastet, weiß Gott es schon längst. Sie können darauf vertrauen, dass Gott sich um das kümmern wird, worum sich gekümmert werden muss, wenn Sie ihn nur darum bitten.

Andererseits hat es etwas ausgesprochen Läuterndes und Heilsames, alle Karten auf den Tisch zu legen. Haben Sie Schuld auf sich geladen – vermeintlich oder tatsächlich –, kann das Sprechen darüber genau das sein, was Sie brauchen, um Ihr Gewissen zu erleichtern. Dafür müssen Sie sich keinesfalls schämen. Urteile sind etwas vom Menschen Erfundenes.

Ein kurzes und einfaches Gebet, das dennoch sehr effektiv ist, würde etwa so aussehen:

Lieber Gott, bitte hilf mir dabei, mich von all dem zu befreien, das mir nicht mehr dienlich ist. Ich möchte die Last der Vergangenheit nicht mehr auf meinen Schultern tragen und lasse hiermit allen vergangenen Schmerz, alle Schuldgefühle und alle Ängste los.
Bitte befreie mich von allem, was versucht, mich aufzuhalten.

Bitte hilf mir dabei, von diesem Augenblick an nur noch positive Einflüsse in meinem Leben wahrzunehmen.
Ich danke Dir für Deine Hilfe, jetzt und immerdar.

Vielleicht ist Ihnen aufgefallen, dass wir auf die traditionelle Schlussformel von Gebeten verzichtet haben – und zwar deshalb weil sie sich je nach Religionshintergrund individuell unterscheidet. Beenden Sie Ihr Gebet mit der Formel, die Ihnen passend und respektvoll erscheint, sei es mit »Amen« oder »So sei es« oder etwas anderem. Sie allein wissen, wie Sie am besten für Ihre Befreiung beten.

Viele Menschen berichten von einer beinahe augenblicklichen Wirkung eines Gebets wie des obigen. Sie fühlen sich leichter, glücklicher, weniger belastet als vorher. Vielleicht verspüren Sie auch ein seltsames Gefühl, so etwas wie Schmetterlinge im Bauch. Manche sehen dies als definitiven Beweis der Wirksamkeit von Gebeten. Fühlen Sie nichts dergleichen, müssen Sie sich aber auch keine Sorgen machen – das Gebet »funktioniert« trotzdem. Manche Menschen spüren die Wirkung einfach mehr als andere, was aber nichts mit der Wirksamkeit des Gebets an sich zu tun hat.

Entgegen der landläufigen Meinung gibt es keine Gebete, die nicht erhört werden. *Jedes* Gebet wird erhört, ohne Ausnahme. Dabei fällt die Antwort vielleicht nicht immer so aus, wie Sie es sich vorgestellt haben; das liegt aber nur daran, dass diese spezielle Antwort in Ihrem Sinne Sie später in Bedrängnis bringen würde.

Nein, das Universum ist weder kalt noch herzlos noch blind. Im Gegenteil: Im Gebet treten wir in den Dialog mit einer unerschöpflichen Quelle der Weisheit. Wird uns der Wunsch in einem Gebet nicht gewährt, müssen wir den Großmut und die Klugheit aufbringen, dies zu akzeptieren, denn es geschieht zu unserem eigenen Besten.

Vergebung

In der Tat verfügt das Gebet über eine ganz erstaunliche Kraft, zu heilen und positive Veränderungen herbeizuführen. Es ist aber nicht die einzige Methode, die uns diesbezüglich zur Verfügung steht. Manche Menschen fühlen sich beim Beten einfach nicht wohl, andere bevorzugen eine aktivere Herangehensweise an das Leben. Das ist absolut verständlich. Schließlich sind wir auf dieser Erde, um selbst etwas zu bewirken, also sollten wir das auch tun.

Unser persönlicher Favorit der aktiveren Herangehensweisen ist der Akt der Vergebung. Wir sprechen von »Akt«, weil es sich tatsächlich um eine Tätigkeit handelt, die in uns selbst stattfinden muss. Man »beschließt« nicht nur, jemandem zu vergeben, man muss aktiv etwas dafür tun.

Der erste Schritt zur Vergebung besteht darin, das Wort richtig zu verstehen. Vergebung bedeutet nicht, dass das Fehlverhalten eines anderen in Ordnung war. Es bedeutet nicht, dass derjenige es wieder tun darf oder im Sinne des Gesetzes ungestraft davonkommen sollte. Und es bedeutet ganz sicher nicht, dass

Sie verpflichtet wären, irgendetwas mit dem Betreffenden zu tun zu haben, außer Sie wollen das.

Vergebung bedeutet, sich von der Wut auf die betreffende Person zu befreien. Mit ihr erkennen Sie an, dass wir in den Augen Gottes alle Kinder sind, die zwangsläufig Fehler machen. Im Grunde bedeutet Vergebung die Erkenntnis, dass das Festhalten an der Wut letztlich nur uns selbst schadet, nicht demjenigen, auf den wir wütend sind. Oder, wie Grant es in einem seiner früheren Bücher *Living a Blessed Life* formuliert hat: Vergebung ist das größte Geschenk, das wir machen oder bekommen können.

Vergebung ist eine Übung, die Sie ebenso von vergangenen Verletzungen und alten Lasten befreit wie ein Gebet. Wenn Sie jemandem vergeben, lassen Sie damit alle Teile Ihres Lebens los, die mit dem Menschen verbunden sind, der Sie nun vielleicht aufhält. Gleichzeitig befreien Sie sich von Blockaden, die zwischen Ihnen und Ihrem Glück stehen und von einer unversöhnlichen Haltung verursacht wurden.

Wir haben schon oft erlebt, dass Menschen sich durch das Festhalten an ihrer in grauer Vorzeit wurzelnden Wut selbst im Weg standen. In manchen Fällen lagen die Ursprünge der Wut sogar Jahrzehnte zurück – doch noch immer gaben diese Menschen ihren Ex-Partnern, Eltern oder anderen die Schuld an Dingen, die im eigenen Leben schiefliefen. Diese Menschen glaubten ernsthaft, ihr Leben könne gar nicht anders laufen, weil uralte Probleme sie immer noch belasteten. Hätten sie den

Betreffenden doch nur vergeben und mit ihrem Leben weitergemacht, dann hätten sie sich selbst nicht so viele Beschränkungen auferlegt.

Sollten auch Sie einen Menschen in Ihrem Leben – ob aktuell oder in der Vergangenheit – haben, dem Sie noch nicht vergeben haben, ist es ungeheuer wichtig für Ihr weiteres Vorankommen, dass Sie dies nun tun. Halten Sie immer noch an Wut, Verletzungen, Schmerz, Misstrauen oder irgendeiner anderen negativen Emotion aus der Vergangenheit fest, wird es unendlich schwieriger für Sie, die perfekte Beziehung zu finden. Es ist sogar vollkommen in Ordnung, anderen aus rein egoistischen Gründen zu vergeben – also um sich spirituell und emotional zu reinigen, bevor man eine neue Beziehung eingeht. Dabei handelt es sich definitiv um eine Situation, in der der Zweck die Mittel heiligt.

Die Vergebung kann Ihnen auch dabei helfen, auf neue Situationen nicht immer mit alten Verhaltensmustern zu reagieren. Ein Beispiel: Sollte Ihr Ex-Partner mit einem bestimmten Gesichtsausdruck immer Verärgerung signalisiert haben, reagieren Sie vielleicht beim gleichen Gesichtsausdruck Ihres neuen Partners ungehalten darauf – auch wenn der Gesichtsausdruck bei ihm etwas völlig anderes aussagt. Wenn Sie Ihrem Ex-Partner vergeben, befreien Sie sich von der Vergangenheit und erkennen, was der Gesichtsausdruck bei Ihrem neuen Partner wirklich bedeutet. Davon profitieren nicht nur Sie selbst, sondern auch Ihr neuer Partner, der sich nun nicht mehr mit Ihren Missverständnissen auseinandersetzen muss.

Oft sind wir es aber selbst, die Vergebung am nötigsten haben. Vielleicht haben Sie sich jahrelang selbst für irgendetwas die Schuld gegeben. Vielleicht bedauern Sie Ihr Verhalten an einem wichtigen Punkt in Ihrem Leben oder haben das Gefühl, nicht Ihr volles Potenzial auszuschöpfen. Suchtkranke und Menschen, die sich deswegen in Behandlung begeben haben, sind besonders anfällig für derlei Selbstvorwürfe. Wenn Ihnen das bekannt vorkommt, dann sind Sie es sich definitiv selbst schuldig, sich von aller Selbstzerfleischung zu befreien.

Sie sind ebenso wie jeder andere Mensch auf Erden ein himmlisches Geschöpf Gottes und haben dieselbe Nachsicht und Liebe verdient, die Sie anderen schenken. Indem Sie von alter Wut und alten Schuldgefühlen ablassen, gestatten Sie es sich, als Mensch zu wachsen. Sie lassen sich nicht mehr von Ihren Ängsten und von Ihrem Irrglauben einschränken.

Ebenso wie beim Gebet ist auch bei der Vergebung die Aufrichtigkeit entscheidend. Es ist absolut sinnlos zu behaupten, man hätte jemandem vergeben – einschließlich sich selbst –, wenn man in Wahrheit an der feindseligen und verbitterten Einstellung festhält. Niemand außer Ihnen selbst verfolgt Ihren spirituellen Fortschritt. Nur Sie allein wissen, ob Sie im Grunde Ihres Herzens ehrlich sind oder nicht.

Gebet + Vergebung = Heilung

Wir möchten Sie dazu ermuntern, es einmal mit diesen beiden außerordentlich effektiven Techniken zu versuchen: mit dem Gebet und mit der Vergebung. Ihre vereinte Kraft reicht aus, um jedermanns Leben zum Besseren zu verändern. In diesem Kapitel geht es vor allem darum, Sie von den Belastungen der Vergangenheit zu befreien, bevor Sie sich Neuem zuwenden. Ihr neues Leben soll auf einem bombensicheren Fundament stehen. Wenn Sie wirklich ehrlich mit sich selbst waren, in Ihren Gebeten aufrichtig sind und mit aller Kraft nach Vergebung streben, werden Sie bekommen, was Sie sich wünschen. Das sagen wir ganz unzweideutig und wiederholen noch einmal: *Sie werden Ihr Ziel erreichen.*

Allerdings erfordert die Heilung ein wenig Zeit. Schließlich ist es ja auch nicht über Nacht zu all den Verletzungen gekommen. Sie selbst sind das Ergebnis jeder einzelnen Minute jedes einzelnen Tages. Und wenn einige dieser Minuten besonders schwierig waren, sind Sie es sich selbst schuldig, den Schmerz nun zu beenden. Sollten Sie nach der Lektüre dieses Buchs nicht gleich das Gefühl haben, dass Sie sich von jeder vergangenen Verletzung und jeder gescheiterten Beziehung in Ihrem Leben befreit haben, ist dies absolut normal. Hier heißt es: dranbleiben. Regelmäßig beten, in dem Wissen, dass Gott und die Engel der Liebe beständig nach Ihnen sehen. Konstant nach Vergebung streben. Haben Sie sich erst einmal an diese Vorgehensweisen gewöhnt, werden sie Ihnen in Fleisch und Blut übergehen.

So sind Sie durch minimalen Aufwand Ihrerseits in der Lage, sich von der belastenden Vergangenheit zu befreien und den Weg für Ihre perfekte Beziehung zu ebnen. Sie wissen jetzt und akzeptieren, dass dies ein allmählicher, ein schrittweiser Prozess ist, dafür aber einer, der die Mühe lohnt. Der Prozess muss zu Beginn Ihrer neuen Beziehung noch nicht abgeschlossen sein, sollte dann aber auch nicht vernachlässigt werden. Sie sollten auch mit einem neuen Partner weiter an Ihrer Heilung arbeiten. Sie und Ihr neuer Partner werden für den Rest Ihres Lebens von jeder Minute profitieren, in der Sie an sich arbeiten. Mit der folgenden Übung können Sie Ihre Fähigkeit zu vergeben weiterentwickeln. Sie setzt sich aus zwei Teilen zusammen: aus der Meditation und aus der schriftlichen Übung im Anschluss.

Meditation: Das Heilende Becken voller Licht

Suche dir einen bequemen, ruhigen Ort, an dem du eine Zeit lang ungestört sitzen oder liegen kannst. Konzentriere dich auf das Ein- und Ausatmen und gestatte es deinem Atem, durch deinen gesamten Körper zu tanzen. Vor deinem geistigen Auge siehst du einen üppigen, blühenden Garten voller farbenfroher, duftender Blumen.

Inmitten dieses heiligen Gartens siehst du ein glitzerndes Wasserbecken. Du gehst näher heran und bemerkst, dass darin gar kein Wasser ist, sondern goldenes Licht. Neben dem Becken steht eine Bank. Du setzt dich darauf und spürst plötzlich, dass etwas dich umgibt. Dieses Etwas nimmt allmählich Gestalt an:

Es ist ein Engelsrat, und jeder dieser Engel leuchtet in einer anderen Farbe. Es sind die Engel der Liebe. Spüre ihre bedingungslose Liebe und ihre Unterstützung.

Die Engel der Liebe winken dich heran und bedeuten dir, in das Heilende Becken voller Licht zu steigen. Und so trittst du in das goldene Licht und spürst, wie es dich vom Scheitel bis zur Sohle in Wärme, Unterstützung und Liebe badet. Nun verändert sich das Licht um dich herum. Wie auf einer Leinwand im Kino siehst du Bilder vor dir auftauchen: Bilder von Menschen, denen du noch nicht vergeben hast. Wähle eine Person auf diesen Bildern aus. Nimm dir einen Augenblick Zeit, um die Unterstützung der Engel der Liebe wahrzunehmen. Sie wollen, dass du glücklich und unbelastet bist. Wenn du so weit bist und der Person vergeben und sie damit loslassen kannst, atme tief ein und aus. Spüre, wie das goldene Licht über deinen Körper strömt. Spüre, wie dein Herz sich in Liebe und Vergebung weitet. Sage einige Male stumm: »Ich vergebe dir.« Spüre, wie Verletzung, Verrat und Misstrauen von dir abfallen. Spüre, wie du leichter und strahlender wirst. Wiederhole dies nun mit einer weiteren Person. Fahre so fort, bis alle Personen auf der Leinwand verschwunden sind.

Wie wundervoll es sich anfühlt, all die Bürden loszulassen, die du schon so lange mit dir herumgetragen hast und die deinem Glück im Weg standen! Indem du diese Verletzungen und Enttäuschungen loslässt, das weißt du, ebnest du der wahren Liebe in deinem Leben den Weg.

Du trittst nun aus dem Becken voller Licht und stehst vor den Engeln der Liebe. Sie umarmen dich, einer nach dem anderen. Sie versichern dir, dass du jederzeit zu dem heilenden Becken voller Licht zurückkommen kannst. Denk immer daran: Die Engel der Liebe sind immer an deiner Seite. Du kannst sie rufen, wann immer du sie brauchst. Sie sind für dich da und warten nur darauf, dir auf deiner erstaunlichen Reise der Liebe zu helfen.

Schriftliche Übung: Liebe schicken

- Halten Sie in Ihrem Tagebuch die Namen der Personen fest, die Sie in Ihrer Meditation gesehen haben.
- Schreiben Sie neben jeden Namen: *Ich vergebe dir.*
- Schreiben Sie ans Ende der Liste: *Ich vergebe diesen Menschen und lasse sie los. Ich schicke ihnen meine ganze Liebe. Ich mache mir selbst das Geschenk der Liebe, indem ich Vergebung übe.*
- Halten Sie drei Dinge fest, für die Sie im Augenblick in Ihrem Leben dankbar sind.
- Schreiben Sie zum Schluss: *Mein Herz ist wach und offen, Liebe zu geben und zu empfangen. Ich liebe. Ich werde geliebt. Ich bin Liebe.*

Befreien Sie sich von der Angst
vor der Einsamkeit

Wir haben viel Verständnis dafür, wenn dieses Kapitel besonders schwierig für Sie sein sollte. An sich selbst zu arbeiten kann beängstigend sein, kann egoistisch wirken und gleichzeitig verletzlich machen. Vielleicht halten Sie das Ganze aber auch für unnötig – weil Sie befürchten, ohnehin allein bleiben zu müssen. Dass Einsamkeit Ihr Schicksal wäre. Doch vertrauen Sie uns: Das ist ganz bestimmt nicht der Fall.

Nur sehr selten ist jemand dazu bestimmt, sein ganzes Leben lang allein zu bleiben. In diesen Fällen weiß der Betreffende es von Geburt an und akzeptiert es im Allgemeinen. Sollten Sie Angst haben, dass dies auf Sie zutrifft, dann legen Sie diese Angst bitte jetzt in Gottes Hände. Allein diese Angst ist schon ein relativ sicheres Anzeichen dafür, dass Einsamkeit *nicht* Ihr Schicksal ist.

Die Wenigen, die auf die Erde gekommen sind, um ihre Mission allein zu erfüllen, haben sich dieses Leben ausgesucht und bedauern dies nicht. Sie sind von liebenden Freunden und engen Vertrauten umgeben und finden sich meist in Mönchs- oder Nonnenklostern oder an anderen Stätten religiöser Suche. Der Einsiedler, der sich selbst vollständig von anderen isoliert hat, tut das meist nicht ein Leben lang und ist manchmal das unglückliche Opfer einer geistigen Erkrankung statt der Erfüller eines spirituellen Schicksals.

Natürlich können Sie sich auch zu einem Leben in Einsamkeit zwingen. Manche Menschen schotten sich ausgesprochen erfolgreich von anderen ab oder haben eine Lebenseinstellung, die andere beinahe automatisch auf Abstand hält. Alles, was derjenige tun müsste, wäre, dieses Kapitel komplett zu ignorieren, sich zu weigern, Gott und die Engel um Hilfe zu bitten, und niemals auch nur einer einzigen Menschenseele zu vergeben. Das wäre dann allerdings ein wirklich erbärmliches Leben. Derjenige hätte es wahrscheinlich sehr schwer, auch nur den flüchtigsten Freund zu finden, ganz zu schweigen von einer bedeutungsvollen Beziehung. Und welcher Mensch im Vollbesitz seiner geistigen Kräfte könnte sich ein solches Leben wünschen? Sie haben Ihrem Wunsch, sich mit anderen Menschen zu verbinden, bereits Ausdruck verliehen – Sie halten jetzt gerade dieses Buch in Händen.

Nein, Sie unternehmen diese Reise ganz gewiss nicht allein. Sie sind immer von Gott und den Engeln umgeben. Sie stellen eine Konstante in Ihrem Leben dar. Es ist der besondere Geist Gottes, der Ihnen Leben einhaucht. Und auch die Engel der Liebe begleiten Sie. Diese sind absolut begeistert, dass Sie sich dazu entschlossen haben, auf das Ziel einer perfekten Beziehung hinzuarbeiten. Sie haben es sich zu ihrer himmlischen und heiligen Mission gemacht, Ihnen dabei zu helfen, dass Sie Ihr Ziel erreichen: das Ziel einer wundervollen Liebe mit einem wundervollen Partner.

Sie sind auf dem richtigen Weg!

Wir gratulieren Ihnen von Herzen, dass Sie so weit gekommen sind! Sie haben einen ganz erstaunlichen Start hingelegt. Deshalb wollen wir dieses Kapitel mit folgendem Gebet beenden:

Lieber Gott, ich danke Dir, dass Du in mein Leben getreten bist und mir die Engel der Liebe geschickt hast. Ich vertraue darauf, dass Du mir dabei helfen wirst, meine Bürden abzulegen, all meine Verletzungen, Enttäuschungen und schmerzlichen Erfahrungen aus der Vergangenheit. Ich vergebe jedem, der mir je Schaden zugefügt hat, sei es absichtlich oder unabsichtlich. Ich vergebe mir selbst für jede verpasste Gelegenheit, mein volles Potenzial zu entfalten.

Ich bitte Dich darum, mich von jeder Fessel, die mich binden will, zu befreien, ebenso wie ich selbst immer wieder versuche, mich dieser Fesseln zu entledigen. Bitte hilf mir dabei, ab jetzt immer nur das Gute für mich zu wählen. Ich werde geduldig mit mir sein und mich selbst nicht unfreundlich behandeln.

Ich möchte diese Reise gerne an Deiner Göttlichen Seite fortführen. Bitte führe mich, jetzt und für alle Zeit.

Schritt 3

EMPFANGEN SIE,
WAS SIE SICH WÜNSCHEN

Her mit dem Neuen!

Uns Menschen stehen einige ausgesprochen mächtige himmlische Helfer zur Seite. Zu den wichtigsten gehören die Engel der Liebe. Sie agieren als Boten Gottes und helfen uns bei jedem einzelnen Schritt auf dem Weg, dessen Ziel es ist, den Partner unseres Lebens anzuziehen. Es gibt zahlreiche Möglichkeiten, mit den Engeln der Liebe und über sie hinaus mit Gott zu kommunizieren. Im Mittelpunkt dieses Kapitels steht eine dieser Möglichkeiten: die *Manifestation.*

Grundlegendes zur Manifestation

Bei der Manifestation handelt es sich um das Gegenteil von Loslassen, der Technik, die wir im vorhergehenden Kapitel behandelt haben. Manifestieren ist die Kunst, das, was man sich wünscht, mithilfe himmlischer Unterstützung zu verwirklichen. In diesem Kapitel werden Sie die verschiedenen Werkzeuge der Manifestation kennenlernen und erfahren, wie Sie sie nutzen können, um den Partner Ihres Lebens anzuziehen.

Dabei geht es im Wesentlichen darum, Gott einen Auftrag zu erteilen. Das Auftragsformular sollte so spezifisch wie möglich ausgefüllt sein, damit sich am Ende auch der richtige Partner für Sie einstellt. Hier sind die Listen, die Sie im ersten Kapitel angefertigt haben, ungeheuer hilfreich. Je näher die Manifestation Ihrem Herzenswunsch kommt, desto zufriedener werden Sie mit dem Ergebnis sein.

Vielleicht kommt Ihnen der Gedanke seltsam vor, Gott einen Auftrag erteilen zu wollen – einem Wesen, das allwissend ist. Und es stimmt auch, dass Gott weiß, wer der oder die Richtige für Sie ist. Doch hätten Sie diesen Menschen schon zu Beginn Ihres Lebens kennengelernt, welche Lektionen hätten Sie dann lernen können? Und ist ein Leben ohne Lektionen wirklich lebenswert?

Sie hingegen haben bisher viele wichtige Lektionen erteilt bekommen – einige davon haben Sie erst mit der Arbeit im letzten Kapitel abgeschlossen. Damit haben Sie sich das Recht verdient, mit einem Partner glücklich zu werden, der Ihnen dabei hilft,

Ihre wahre Mission im Leben zu erfüllen. Dasselbe werden Sie im Gegenzug für Ihren Partner tun – bereiten Sie sich also auf eine Beziehung vor, in der Sie ebenso geben, wie Sie empfangen. Wenn Sie zu den Menschen gehören, die nur nehmen oder nur geben wollen, empfehlen wir Ihnen, noch ein wenig mit dem vorangegangenen Kapitel zu arbeiten, bevor Sie weitermachen.

Die Notwendigkeit, beim Formulieren des Wunsches möglichst spezifisch zu sein, hängt mal wieder mit unserem guten alten Bekannten, dem Dilemma des freien Willens, zusammen. Dazu wieder ein Beispiel. Als Sie noch ein Kind waren, hatten Ihre Eltern wahrscheinlich eine viel genauere Vorstellung davon, was Sie benötigten – im Gegensatz zu dem, was Sie wollten – als Sie selbst. Dennoch sind Sie im Großen und Ganzen Ihr eigener Herr, und so wäre es unfair gewesen, wenn sie versucht hätten Ihnen immer und überall ihre Sicht der Dinge aufzuzwingen. Sie ließen Ihnen Raum, um zu einem jungen Erwachsenen heranzureifen – und ebenso hat Gott Ihnen die Freiheit geschenkt, sich zu einem erstaunlichen Menschen zu entwickeln. Um nicht auf Ihrem freien Willen herumzutrampeln, hat Ihr Schöpfer Ihnen eine mächtige Gabe mit auf den Weg gegeben, die allerdings mit einer ernsten Warnung verbunden ist: die Gabe des Manifestierens.

Mit dem Manifestieren hat Gott die Möglichkeit, Ihnen Wünsche zu erfüllen und so für Sie zu sorgen. Doch nun zum Teil mit der Warnung: Gott gibt Ihnen, was Sie sich wünschen – auch wenn es nicht gut für Sie ist. Bitten Sie ihn um Dinge, die zu Ihrem Besten sind, ähnelt die Erfüllung des Wunsches ziemlich genau dem, was Sie sich ursprünglich gewünscht haben. Bitten Sie jedoch um etwas Negatives, sei es nun absichtlich oder nicht, versucht Gott, den Schaden zu begrenzen.

Manifestation und Gebet

Der Unterschied zwischen der Manifestation und dem Gebet besteht darin, dass Sie beim Manifestieren nicht in einen Dialog mit Gott treten, um himmlische Helfer in Ihr Leben einzuladen. Beim Manifestieren lassen Sie sich lediglich auf das ein, was manche als »Fluss des Universums« bezeichnen. Beim Manifestieren geschieht die ganze Zeit über etwas.

Im Gegensatz zum Gebet bekommen Sie beim Manifestieren im Allgemeinen, was Sie sich wünschen – vorausgesetzt, es handelt sich dabei um etwas Gutes. Doch das muss noch lange nicht bedeuten, dass dies auch gut *für Sie* ist.

Kommen wir noch einmal auf den Song »Mercedes Benz« von Janis Joplin zurück, den wir nun aber nicht wie ein Gebet, sondern wie eine Manifestation behandeln. Statt Gott darum zu bitten, uns den Luxusschlitten zu kaufen, könnten wir uns der Manifestationswerkzeuge bedienen, die Sie später in diesem Kapitel noch kennenlernen werden. Dadurch würde sich die Chance, das Auto augenblicklich in der Garage stehen zu haben, um ein Vielfaches erhöhen.

Doch was, wenn sich das Auto am Ende als Quell des Ärgers entpuppt? Weil es so viel Benzin schluckt, dass es unsere Geldbörse und vor allem die Umwelt stark belastet? Weil es so viel Aufmerksamkeit auf sich zieht, dass wir es aus Angst nicht mehr fahren? Was wir sagen wollen, ist: Der Wunsch wurde uns zwar erfüllt, doch das bedeutet nicht, dass die Erfüllung des Wunsches uns auch notwendigerweise glücklich macht.

Es ist eher unwahrscheinlich, dass jemand, der sich darauf konzentriert, etwas Negatives zu manifestieren, das auch eins zu eins bekommt; dennoch werden sich in dessen Leben im Allgemeinen sicherlich mehr negative Einflüsse bemerkbar machen. Doch möchten Sie das Leben solcher extrem negativ eingestellter Menschen leben? Meist findet sich darin viel Elend, Mangel, Wut oder Unzufriedenheit.

Deshalb müssen Sie bei Ihren Manifestationen sehr achtsam sein. Machen Sie sich immer klar, was Sie denken, sagen und tun. Streben Sie danach, immer so positiv wie möglich zu sein, ziehen Sie damit auch viel mehr gute Energie an.

Und so müssen sich Gebete und Manifestationen gegenseitig ergänzen, um letztlich ein glückliches Ergebnis zu erzielen. Nutzen Sie beide Möglichkeiten, um Ihrem eigentlichen Wunsch so nah wie möglich zu kommen. Wir betonen dies, damit Sie begreifen, dass die Werkzeuge des Manifestierens, mit denen Sie später umzugehen lernen, zwar ungeheuer mächtig sind, aber dennoch ihre Grenzen haben.

Es ist unwahrscheinlich, dass Sie alles, wofür Sie beten, bekommen, wenn Sie es nicht wirklich brauchen; ebenso unwahrscheinlich ist es, dass Sie all das, was durch das Manifestieren in

Ihr Leben tritt, begrüßen werden. Deshalb stellt sich die Frage: Warum sich überhaupt der Manifestation bedienen, wenn das Gebet ähnliche Ergebnisse zeitigt, nur ohne die Risiken? Die Antwort auf diese Frage ist, wie zu erwarten war, recht kompliziert.

Studien zufolge kommt es ganz und gar nicht darauf an, wer da betet oder woran genau derjenige glaubt. Solange er aufrichtig ist, ist das Gebet auch effektiv. Dennoch ist es mit einem gewissen Stigma behaftet, von dem sich der eine oder andere nur schwer lösen kann.

Einigen Menschen beispielsweise wurde beigebracht, es gäbe nur eine einzige Art zu beten, und sie haben diese Art bereits für sich persönlich abgelehnt. Andere wiederum bevorzugen, wie im vorigen Kapitel erwähnt, vielleicht eine aktivere Herangehensweise an das Leben. Sie riskieren es, etwas durch Manifestieren zu bekommen, das sie eigentlich nicht wollen, wenn das bedeutet, dass sie sich aussuchen können, was sie bekommen werden.

Doch der letzte und wichtigste Punkt ist der: Manifestieren ist etwas, das die Menschen ohnehin tun. Jeder Gedanke, den wir denken, und jedes Wort, das wir sagen, ist im Grunde nichts anderes als ein Akt der Manifestation. Wenn Sie es vorziehen, sich in erster Linie auf das Gebet zu verlassen – großartig! Falls nicht, geben wir Ihnen im Folgenden wertvolle Tipps und stellen Ihnen Techniken vor, die garantieren, dass Ihre Manifestationen reichlich und überreichlich ausfallen werden.

Manifestationstechniken

Wie bereits erwähnt, steigt die Wahrscheinlichkeit, dass Sie bekommen, was Sie sich wünschen, je spezifischer Sie beim Formulieren Ihres Wunsches sind. Es gibt mehrere Möglichkeiten, an der Spezifizierung zu feilen – eine davon ist das Erstellen von Listen, wie Sie es bei Schritt 1 getan haben. Dadurch destillieren Sie Ihre Wünsche gewissermaßen zu ihrer Essenz. Sie können ganz ausgezeichnet an Ihren Spezifizierungskünsten arbeiten, wenn Sie sich immer wieder hinsetzen und Ihre Wünsche schriftlich festhalten.

Nehmen Sie sich nun die Listen von Schritt 1 noch einmal vor. Möchten Sie ihnen noch irgendetwas hinzufügen? Oder vielleicht etwas streichen? Denken Sie noch einmal über alles, was Sie aufgezählt haben, nach, auch über die Wechselwirkung der verschiedenen Punkte. Wollen Sie wirklich nur eine flüchtige Beziehung mit dem wundervollen Menschen, dem Sie begegnen werden? Oder soll es doch eher eine lebenslange Beziehung sein?

Legen Sie die Listen nun wieder beiseite, aber nicht zu weit weg, denn Sie werden sie bald wieder brauchen. Sie sind für die folgenden Übungen zwingend notwendig. Alle anderen erwähnten Werkzeuge und Mittel sind optional und sollten nur Verwendung finden, wenn Sie sich ihnen gewachsen fühlen.

Visualisierung

Das erste Werkzeug, die Visualisierung, hilft Ihnen dabei, sich auf die Dinge zu konzentrieren, die Sie in Ihrem Leben haben möchten. Im Folgenden finden Sie eine kurze Anleitung, wie die Technik funktioniert – ausführlicher wird sie in dem Buch *Himmlische Fülle* behandelt.

Bei der Visualisierung handelt es sich im Grunde um die Kunst, sich ein genaues Bild dessen, was sich manifestieren soll, vor das innere Auge zu rufen. Für manche ist es hilfreich, dabei mit einer Abbildung der betreffenden Person oder des Gegenstands zu arbeiten. Versuchen Sie, sich die Person oder den Gegenstand so detailliert wie möglich vorzustellen. Die Technik scheint zunächst banal zu klingen; tatsächlich erfordert es jedoch ein wenig Übung, sich Dinge in all ihren Details im Geiste auszumalen.

Die Visualisierung funktioniert, weil sie dem Geist einen Fokus gibt, mit dem er arbeiten kann. Er wird von äußeren Ablenkungen befreit, was es wahrscheinlicher macht, dass Sie genau das bekommen, was Sie sich wünschen. Eigentlich visualisieren wir die ganze Zeit über; konzentrieren wir uns jedoch auf einen bestimmten Gegenstand, wird die Energie auf einen einzigen Punkt gelenkt.

Sich allein aufgrund einer Liste wünschenswerter Eigenschaften ein Bild von jemandem zu machen ist natürlich ein wenig knifflig. Am besten beginnen Sie mit einer Zeichnung. Je nach künstlerischer Begabung ist die dann vielleicht nicht gerade ein Meisterwerk, erfüllt aber dennoch ihren Zweck. Ideal wäre es, wenn Ihre Zeichnung alle Eigenschaften auf der Liste enthalten würde. Sind auch nicht-körperliche darunter, denken Sie sich etwas aus, das symbolisch für diese Eigenschaft steht. Wünschen Sie sich beispielsweise jemanden, der finanziell gut abgesichert ist, können Sie ein schickes Auto, Säcke voller Geld oder andere erkennbare Sinnbilder für Wohlstand dazu malen.

Liegt Ihnen das Zeichnen so gar nicht, suchen Sie in Zeitschriften nach Bildern, die Ihrer Vorstellung von der Person, die Sie in Ihr Leben ziehen möchten, nahekommen. Es sollte sich dabei allerdings um jemand Anonymes handeln, nicht um einen Prominenten. Beim Blick auf das Foto sollten Sie eher an »Mann« oder »Frau« denken, nicht an »Brad« oder »Scarlett«.

Sehen Sie sich das Bild nun genau an. Studieren Sie es, damit Sie sich die abgebildete Person einprägen können. Ist die Zeichnung eher rudimentär, benutzen Sie Ihre Fantasie, um die Lücken zu füllen. Geben Sie sich richtig Mühe, einen Menschen mit diesem Bild heraufzubeschwören. Stammt das Bild aus einer Zeitschrift, lassen Sie die Züge der Person vor Ihrem inneren Auge ein wenig verschwimmen, damit Sie nicht ausschließlich an die abgebildete Person denken. So kann Ihr Geist die Züge Ihres Seelengefährten ergänzen. Es ist absolut in Ordnung, wenn Sie den Mann oder die Frau auf dem Bild attraktiv finden – schließlich wäre es eher ungewöhnlich, sich einen Partner in sein Leben zu wünschen, von dem man sich nicht angezogen fühlt. Vermeiden Sie dabei jedoch, Ihr Herz an eine bestimmte Person zu hängen.

Begeben Sie sich nun wieder an einen ruhigen und bequemen Ort und setzen Sie sich. Wenn Sie möchten, können Sie Musik hören oder das Licht Ihrer Stimmung anpassen. Wichtig ist, dass Sie an diesem Ort ungestört sind, mindestens fünf Minuten lang.

Bringe deinen Geist zur Ruhe und verlangsame deine Atmung. Jetzt geht es nur um dich. Atme einige Male tief ein und aus und vertreibe alle nichts zur Sache tuenden Gedanken aus deinem Kopf.

Rufe dir nun das Bild vor dein inneres Auge. Stell dir die Person so detailliert wie möglich vor, mit allen Sinnen, auch mit der Nase und den Händen. Siehst du die Person dann, als wäre sie tatsächlich da, stell dir vor, wie du auf sie zugehst und sie umarmst. Da seid ihr nun, zusammen und glücklich. Je realistischer sich dies anfühlt, desto kraftvoller wird die Manifestation sein. Gott hat die Gabe der Visualisierung erschaffen, und die Engel haben sie dir geschenkt, du wirst also nie wieder auf den Menschen, den du dir wünschst, verzichten müssen.

Verbringe so viel Zeit mit diesem Menschen, wie du nur willst. Euer Bund wird für die Ewigkeit geschmiedet, ein wenig Übung kann also nicht schaden! Mit wachsender Erfahrung kannst du mit der Visualisierung gut ausprobieren, ob dir die Eigenschaften, die du dir bei deinem Partner wünschst, auch wirklich gefallen.

Werden Sie müde oder haben Sie einfach genug von der Übung, können Sie sie jederzeit beenden. Versuchen Sie aber, möglichst sanft zurückzukommen. Dehnen Sie zunächst ein wenig die Muskeln, strecken Sie sich, stehen Sie nicht zu rasch auf und trinken Sie etwas, um den Wasserhaushalt auszugleichen. Halten Sie in Ihrem Tagebuch fest, welche Gedanken und Gefühle während der Übung aufgetaucht sind. Möchten Sie nun etwas von Ihrer Liste streichen oder ihr etwas hinzufügen? Haben Sie sich jemanden vorgestellt, der dem Bild ähnlich war? Falls nicht, verändern Sie das Bild, da Sie Ihre Visualisierungen Ihrem Wunschpartner immer näher bringen werden. Sie können ruhig Veränderungen vornehmen, das ist völlig in Ordnung. Dadurch bekommen Ihre Visualisierungen den nötigen Feinschliff und werden immer effektiver, bis Sie Ihren Wunsch schließlich anziehen wie ein Magnet.

Sie können so oft Sie wollen auf diese Technik zurückgreifen. Je öfter Sie das tun, desto wirkungsvoller wird sie und desto rascher schreiten Sie auf Ihrem Weg zu Ihrem Seelengefährten voran. Sind Sie allerdings niedergeschlagen, deprimiert oder in einer anderen negativen Stimmung, empfiehlt sich die Technik nicht. Diese Emotionen können die Visualisierung negativ beeinflussen und ihr langfristig schaden. Versuchen Sie es in solchen Fällen zunächst mit einem Gebet. Reden Sie mit Gott, bitten Sie ihn um Glück, Verbundenheit und Gesundheit, das wird Ihre Stimmung sicher heben. Fühlen Sie sich dann besser, können Sie es auch wieder mit der Visualisierung versuchen.

Visionen der Liebe

Die folgende Geschichte stammt von Janine aus Wisconsin, die die zugegebenermaßen schlechte Angewohnheit hatte, sich nur mit »Idioten« zu verabreden. Normale Männer waren ihr einfach zu langweilig. Allerdings endete jede dieser Beziehung damit, dass ihr entweder das Herz gebrochen wurde oder sie von sich aus Schluss machte. Warum? Weil es in ihren Augen eben nichts als Idioten waren, logisch!

Schließlich hatte Janine die Nase voll. Sie wünschte sich einen verantwortungsvollen, respektvollen und höflichen Partner – aber keinesfalls einen langweiligen! Sie hatte zwar eingesehen, dass sie Fehler gemacht hatte, wollte die Aufregung in ihrem Leben aber nicht missen. Wie sie das erreichen sollte, war ihr allerdings nicht klar, dachte sie doch, die beiden Wünsche schlössen sich gegenseitig aus.

Eines Tages stieß sie beim Stöbern in einem kleinen Buchladen auf ein Praxisbuch zum Thema Visualisierung. Von dieser Technik hatte sie noch nie etwas gehört, aber sie machte sie neugierig. So las sie das Buch und lernte in kurzer Zeit eine Menge darüber.

Nach einer der Übungen in dem Buch fertigte sie ein sogenanntes Vision Board an. Sie nahm ein großes Stück Pappe und beklebte es mit Bildern und Zeichnungen von Menschen, die Spaß hatten und glücklich aussahen. Auch Bilder mit romantischen Szenen und Hochzeiten klebte sie dazu. Dann sah sie sich ihr Vision Board an und stellte sich selbst anstelle der Frauen auf den Bildern vor. Das gelang ihr sehr gut: Sie konnte ausgezeichnet visualisieren, wie es wäre, eine solche Art von Glück zu erleben.

Bald darauf begegnete Janine jemandem unter überraschenden Umständen. Sie stand mit ihrer Mutter an der Schlange eines Fahrgeschäfts in einem Vergnügungspark an, als ihr ein ausgesprochen attraktiver Mann vor ihr auffiel. Sie kamen ins Gespräch, lachten und verstanden sich gut. Als sie schließlich an der Reihe waren und der Mann an der Kasse fragte: »Wie viele?«, antwortete der Mann vor Janine spontan und mit einem breiten Lächeln: »Zwei«. Und so landeten sie gemeinsam in der Achterbahn.

Zwei Jahre später ist Janine mit ihm immer noch glücklich. Sie haben viel Spaß und unternehmen oft Abenteuer miteinander. An ihrem Jahrestag fahren sie immer in den Vergnügungspark, um ihre Zufallsbekanntschaft in der Achterbahn zu feiern.

Janine hat an mehreren Punkten in ihrer Geschichte so klug gehandelt, ihrer himmlischen Führung zu folgen. Zunächst hat sie sich das Buch über Visualisierung gekauft, von dem sie sich so angezogen gefühlt hat. Das ließ sie dann nicht einfach im Regal stehen – sie las es und lernte daraus. Anschließend nutzte sie das Gelernte, um sich ein einfaches und praktisches Werkzeug zu schaffen, das ihr dabei half, ihre Energien zu bündeln. Und schließlich erkannte sie in ihrer Reaktion auf den attraktiven Mann ein Zeichen der Engel der Liebe, das sie wiederum handeln ließ. Das Ergebnis: eine glückliche und respektvolle Beziehung mit viel Spaß.

Positive Affirmationen

Die Visualisierung ist jedoch nicht das einzige Mittel, das Ihnen zur Verfügung steht. Es gibt noch viele andere Techniken, die ganz ähnlich funktionieren und sich gegenseitig ergänzen. Bei der Manifestierung Ihres Seelengefährten könnten Ihnen beispielsweise auch Affirmationen sehr gute Dienste leisten. Dieses mächtige Werkzeug haben Sie bereits bei Schritt 1 kennengelernt.

Affirmationen sind am wirksamsten, wenn sie regelmäßig angewendet werden. Sie können sie sich z. B. auf Klebezettel schreiben, die Sie überall in der Wohnung anbringen und die Sie jedes Mal, wenn Sie an ihnen vorbeikommen, an die jeweilige Affirmation erinnern. Manche sagen Affirmationen auch gern unter der Dusche auf. Doch wo auch immer: Je häufiger Sie sie sprechen, desto mehr laden Sie sie mit Energie auf.

Der Mensch und der menschliche Geist verfügen über ein unendliches Potenzial. Einzig unser Ego schränkt es ein. Im Grunde ist das Ego nichts anderes als die Summe all unserer Ängste. Haben Sie je die Stimme in Ihrem Kopf gehört, die Ihnen zugeflüstert hat, Sie seien nicht gut genug, nicht hübsch genug oder nicht reich genug, um Ihre Ziele im Leben zu erreichen, sind Sie bereits gut vertraut mit Ihrem Ego. Natürlich ist keine dieser Aussagen wahr – aber sie stellen eine wunderbare Ausrede dar, es gar nicht erst zu versuchen.

In Zusammenhang mit Schritt 3 wäre dies beispielsweise eine gute Anfangsaffirmation:

Ich bin es wert, Glück und emotionale Erfüllung zu finden. Ich begebe mich freudig in diese liebevolle und dauerhafte Beziehung. Mein perfekter Seelengefährte kommt in diesem Augenblick zu mir. Meine neue Beziehung ist erfüllend und von gegenseitigem Respekt geprägt.

Sie können diese Affirmation längen oder kürzen, ganz wie es Ihnen angemessen erscheint. Die einzige Regel lautet, dass Sie die Affirmation so positiv wie nur irgend möglich formulieren sollten. Dies ist nicht die Zeit für Zweifel oder sogenannten Realismus. Mit diesen Affirmationen erkennen Sie die Tatsache an, dass die lineare Zeit, so wie wir sie kennen, lediglich eine Erfindung des Menschen ist. Das, was Sie sagen, ist wahr, in einem spirituellen Sinn, auch wenn es Ihnen in diesem Moment noch nicht so erscheinen mag.

Entdeckungsreise Hypnose

Eine weitere wundervolle, wenn auch nicht ganz so aktive Methode ist die hypnotische Suggestion. Sie ähnelt der Affirmation, indem sie darauf abzielt, Sie im Grunde Ihres Herzens von der Wahrheit einer Aussage oder Situation zu überzeugen. Leider werden Sie diese Technik kaum allein anwenden können, doch hat die professionelle Hypnose in jüngerer Zeit wieder enormen

Zulauf erfahren. Sollten nun stereotype Vorstellungen von dem Verfahren in Ihrem Kopf auftauchen, verwerfen Sie sie bitte. Hypnose ist keinesfalls mit der Täuschung von Bühnenzauberern gleichzusetzen. Die sehr wirkungsvolle Technik wird heute zu vielerlei therapeutischen Zwecken eingesetzt.

In unserem Fall kann eine Hypnose hilfreich sein, weil sie Sie zu den Wurzeln Ihrer Wünsche durchdringen lässt. Dabei umgeht sie das Ego und hilft Ihnen zu erkennen, was Sie tatsächlich im Herzen tragen – im Gegensatz zu den Erwartungen der Gesellschaft, die Sie im Laufe Ihres Lebens verinnerlicht haben.

Die hypnotische Suggestion kann Ihnen helfen, Ihren Seelengefährten zu finden, weil sie hilft, Schüchternheit zu überwinden und Verhaltensmuster zu verändern, die Sie in der Vergangenheit von der perfekten Beziehung abgehalten haben. Außerdem kann sie Ihnen die Persönlichkeitsmerkmale zeigen, die Sie sich an Ihrem perfekten Partner wünschen. So können Sie sich darauf konzentrieren, was Sie wirklich wollen, statt Zeit damit zu verschwenden, woran Sie ohnehin nie besonders interessiert waren.

Kompetente Hypnotherapeuten finden Sie bei ganzheitlich tätigen Ärzten und Therapeuten in Ihrer Region. Wie bei allen Spezialisten macht es sich auch hier bezahlt, sich erst ein wenig umzusehen und festzustellen, ob die Chemie stimmt, bevor man fortfährt. Gehen Sie das erste Mal zum Hypnotherapeuten, lassen Sie sich am besten von einem Freund begleiten, damit erst gar keine Angst aufkommt.

Der spirituelle Werkzeugkasten

Mit der vereinten Kraft von Gebet, Visualisierung, Affirmation und Hypnose können Sie fast alles erreichen. Damit packen Sie nicht nur den Stier bei den Hörnern und nutzen die eigene Energie und Positivität, um das zu verwirklichen, was Sie sich wünschen, Sie rufen so auch Ihre himmlischen Helfer an.

Die Werkzeuge funktionieren und wirken normalerweise relativ rasch. Und mit ein wenig Übung werden Sie dann nicht nur in der Lage sein, sich Ihren Seelengefährten zu manifestieren – das müssen Sie nur einmal im Leben tun –, sondern auch alles andere, das Sie sich wünschen.

Schritt 4

DEN LEBENSPARTNER SUCHEN
– den Seelengefährten finden

Es ist höchst unwahrscheinlich, dass es eines Tages an Ihrer Tür klingelt und Ihr neuer Partner vor Ihnen steht. Obwohl auch das von Zeit zu Zeit geschieht – wenn Sie beispielsweise »DHL-Kurier« auf Ihre Wunschliste geschrieben haben. Alle anderen aber müssen noch etwas Kleinarbeit verrichten, wenn sie ihren Seelengefährten finden wollen.

An den richtigen Stellen suchen

Tatsächlich wird der Ort, an dem Sie Ihren zukünftigen Partner finden, einen großen Einfluss auf Ihre spätere Beziehung haben. Zum einen fühlen sich bestimmte Menschen von bestimmten Orten angezogen, zum anderen werden Sie wahrscheinlich auch später noch Zeit an dem Ort verbringen, an dem Sie sich getroffen haben. Suchen Sie also keine Orte auf, an denen Sie sich nicht wohlfühlen oder die Sie im Grunde gar nicht mögen. Gehen Sie beispielsweise nicht gern in Bars, sollten Sie auch Ihren Partner dort nicht suchen. Der hätte dann nämlich aller Wahrscheinlichkeit nach ein Alkoholproblem und würde auch weiterhin Bars aufsuchen, wenn Sie ein Paar geworden sind. Das Gleiche gilt für Tanzklubs, Sportveranstaltungen und religiöse Versammlungen. Haben Sie keine persönliche Affinität zu diesen Orten, sollten Sie dort auch nicht nach Ihrem Lebenspartner suchen.

Haben Sie hingegen bestimmte Interessen – und halten Sie sie auch für noch so ungewöhnlich –, steigen die Chancen, einen Gleichgesinnten zu treffen, natürlich an Orten, die mit diesen Interessen zusammenhängen. Orte dieser Art in Hülle und Fülle finden Sie im Internet und vor allem auf Facebook. Sie werden überrascht sein, wie viele Menschen sich für die gleichen Dinge interessieren wie Sie.

Es kann gar nicht oft genug betont werden, wie wichtig es ist, ähnliche Interessen wie der Partner zu haben. Nur allzu oft fühlen wir uns von oberflächlicher Attraktivität angezogen oder weil der andere irgendwie aufregend ist. Das ist für kurze Zeit auch in Ordnung, als Basis für eine längerfristige Beziehung eignet sich ein solches Verhalten jedoch nicht.

Weichen die Persönlichkeitstypen zu stark voneinander ab, werden die einst so reizvollen oder aufregenden Angewohnheiten irgendwann zu einem Quell des Ärgernisses. Umgekehrt wird man sich früher oder später zu Tode langweilen, wenn man sich des Partners wegen ständig zurückhält und die eigenen Interessen nicht auslebt. Seien Sie also ehrlich mit sich hinsichtlich Ihrer Werte und Interessen, dann wird Ihre Beziehung viel glücklicher und dauerhafter sein.

Sich auf die Suche begeben

Bevor Sie sich nun ganz wörtlich auf die Suche nach Ihrem neuen Partner begeben, können Sie noch ein paar Dinge tun, die Ihre Chancen erheblich erhöhen. Da es sich bei Ihrem zukünftigen Partner um einen Menschen mit eigenen Werten, Lebensweisen und Gefühlen handelt, können die Engel der Liebe ihn nicht dazu zwingen, mit Ihnen zusammen zu sein, auch wenn Sie noch so gut zueinander passen. Sie können Ihnen jedoch dabei helfen, selbst Kontakt aufzunehmen. Denn wie bereits mehrfach erwähnt, werden die Engel der Liebe niemals etwas gegen Ihren freien Willen oder den der anderen Person tun. Selbst wenn sie könnten, würden sie das nicht tun.

Übrigens: Ebenso wenig sollten Sie den freien Willen eines anderen Menschen missachten – irgendeine Art von Liebeszauber oder Liebestrank kommt also nicht infrage. Einerseits wirken sie meist ohnehin nicht und andererseits können sie erheblichen Schaden anrichten, falls sie doch einmal wirken sollten. Die Werkzeuge und Techniken, die wir Ihnen hier näherbringen wollen, sollen jedoch immer dem Wohle aller dienen und Ihnen lediglich dabei helfen, zur richtigen Zeit am richtigen Ort zu sein, um Ihrem Seelengefährten zu begegnen. Sie können ausdrücklich *niemanden* dazu zwingen, gegen seinen Willen zu handeln.

Bevor Sie sich nun also tatsächlich auf die Suche begeben, sollten Sie erst einmal beten. Denn auch wenn es sich um eine gesellige Veranstaltung handelt, zu der Sie gehen möchten, haben Sie doch ein bestimmtes Ziel. Um himmlische Hilfe zu bitten erleichtert uns jede vor uns liegende Aufgabe, ganz besonders natürlich eine so entscheidende wie die Suche nach unserem Seelengefährten. Hier ein Beispiel, wie ein solches Gebet aussehen könnte:

Lieber Gott, bitte schicke mir nun Deine Engel der Liebe. Ich bitte um Deine liebevolle Unterstützung bei der Suche nach meinem Lebenspartner.
Bitte beschütze mich an diesem Ort vor Menschen, deren Absichten nicht die meinen sind. Bitte schenk mir den Mut, mit meinem zukünftigen Partner Kontakt aufzunehmen. Bitte lass Deine Engel der Liebe immer in meiner Nähe sein, damit ich ihrer liebevollen Führung folgen kann. Bitte sage mir klar und deutlich, wie ich vorgehen soll.
Ich danke Dir dafür, dass Du da bist.

Sprechen Sie dieses Gebet, bevor Sie einen neuen Ort aufsuchen, wird das vor Ihnen liegende Abenteuer rundum erfolgreich sein.

Leider gibt es in der Datingszene Menschen, deren Absichten und langfristigen Ziele nicht mit Ihren übereinstimmen. Das oben genannte Gebet schützt Sie vor diesen Menschen. Und natürlich steigen Ihre Chancen, einen Gleichgesinnten zu treffen, wenn Sie einen Bogen um die typischen Datingorte wie Bars und Klubs machen.

Datingkriterien

Sich auf die Suche nach einem neuen Partner zu begeben kann zunächst recht beängstigend sein – vor allem dann, wenn man schon seit geraumer Zeit Single ist und darunter leidet. Wie so oft macht auch beim Dating die Übung den Meister, und so werden auch Sie über kurz oder lang nicht mehr eingeschüchtert sein oder sich überfordert fühlen.

Beim Dating sollten immer die folgenden Kriterien gelten:

1. Sie suchen nun nicht mehr nach einer flüchtigen Beziehung und deshalb wahrscheinlich nach einer anderen Art von Mensch als bisher. Die physische Erscheinung ist zwar wichtig, sollte aber nie *das* Wichtigste sein. Am wichtigsten ist, dass die Person so viele Kriterien wie möglich erfüllt, die auf Ihrer Liste aus Schritt 1 stehen.
2. Die Person sollte gefestigt und emotional dazu fähig sein, eine langfristige Beziehung einzugehen. Außerdem sollte sie zu Ihnen passen. Sicherlich ziehen Gegensätze sich an – aber meist nicht für lange Zeit.

3. Ihr zukünftiger Partner *muss* ebenfalls Single sein. Aussagen wie »Mein Partner versteht mich nicht« oder »Ich will ohnehin Schluss machen« sind nicht relevant. Ist er zurzeit kein Single – getrennt zählt ebenfalls nicht, es sei denn, die Scheidung läuft bereits –, lassen Sie die Finger von ihm. Gott und die Engel der Liebe wollen keine Familien zerstören, und deshalb sollten Sie das auch nicht wollen. Wir betonen dies, weil es eben doch leider häufig vorkommt.

Also: Ehrenwort, dass Sie die Finger von Menschen lassen, die Sie nicht bekommen können? Ehrenwort gegeben? Gut! Dann können wir ja weitermachen …

Mut zur Nähe

Mut und Zuversicht spielen eine große Rolle dabei, wie Sie Ihren Seelengefährten finden. In aller Regel handelt es sich nämlich um jemanden, der genauso eingeschüchtert von Ihnen ist wie Sie von ihm. Wenn es um den Partner fürs Leben geht, bedeuten traditionelle Rollenverteilungen, etwa wer wen ansprechen darf, nicht so viel wie bei der Suche nach lediglich flüchtigen Beziehungen.

Das gilt vor allem für spirituelle Veranstaltungen. Die Männer, die an solchen Veranstaltungen teilnehmen, sind sich der Tatsache, dass sie dort in der Minderheit sind, oft ausgesprochen schmerzlich bewusst und so verhalten sie sich meist recht introvertiert. Sie würden die ebenfalls anwesenden Frauen zwar liebend gern ansprechen, täten dabei aber niemals etwas Übergriffiges. Sind Sie also eine Frau und bei einer solchen Veranstaltung Ihrerseits an einem Mann interessiert, *müssen* Sie den ersten Schritt tun und subtil, aber deutlich signalisieren, dass Sie ihn gerne kennenlernen würden.

Bei unseren unzähligen spirituellen Veranstaltungen rund um den Globus sind wir Hunderten von Männern begegnet. Im Großen und Ganzen waren das großartige Menschen, oft aber von den eigenen Gefühlen so hin und her gerissen, dass es ihnen nicht leichtfiel, einen Partner fürs Leben zu finden. Obwohl sie oft zu 100 Prozent zu den anwesenden Frauen passten, hatten die Männer eine geradezu panische Angst davor, zurückgewiesen zu werden oder einer Frau zu nahe zu treten. Diese Angst, in Kombination mit den gesellschaftlichen Erwartungen der Frauen, angesprochen zu werden, führt zu einer Verkettung unglücklicher Umstände: Zwei Menschen sehnen sich nach der Nähe des anderen, starren sich aber wie versteinert nur sprachlos an. Das gilt natürlich auch für Partner des gleichen Geschlechts.

Hier tut eine Veränderung offensichtlich dringend not, und wir hoffen inständig, dass *Sie* diejenige sind, die sie einleiten wird! Irgendwann *muss* irgendjemand irgendetwas sagen, warum also nicht Sie? Machen Sie sich keine Gedanken darüber, ob Sie sich möglicherweise aufdrängen oder Ihre Annäherungen unwillkommen sein könnten. Das sind sie nicht. Sie müssen lediglich ein Gespräch mit Ihrem Gegenüber anfangen. Und wer weiß, wie viele Gemeinsamkeiten Sie finden werden, wenn Sie sich erst ein wenig näher kennenlernen?

Das gilt auch für alle anderen ganzheitlichen Veranstaltungen. Singles besuchen derlei Veranstaltungen, gerade weil sie dort Menschen treffen, die sich von der Mainstream-Datingmasse abheben. Auf eine konventionelle »Anmache« werden Sie dort also nicht stoßen. Suchen Sie einen Mann, der Sie anspricht und das ganze Reden übernimmt, sind Sie in jeder Bar der Welt besser aufgehoben. Suchen Sie hingegen einen hingebungsvollen Partner, der Ihnen wirklich zuhört und den auch interessiert, was Sie zu sagen haben, werden Sie nicht darum herumkommen zu akzeptieren, dass er sich Ihnen nicht offensiv nähern wird.

Geduld und Ausdauer

Vergessen Sie nicht, dass Sie bereits wundervolle Arbeit geleistet haben, um die Grundlage dafür zu schaffen, Ihren Seelengefährten zu finden. Weiter so, können wir da nur sagen, auch wenn es bedeutet, dass Sie zunächst ein wenig weitersuchen müssen. Geben Sie sich nicht mit dem erstbesten Menschen zufrieden, der Ihnen begegnet – es sei denn, er ist wirklich derjenige, den Sie manifestieren wollten.

Melissa: Manche Menschen sind so verzweifelt, dass sie lieber den falschen Partner wählen, als allein zu bleiben. Bevor ich Grant begegnet bin, habe auch ich – ebenso wie er – so gedacht. Nun, die Engel der Liebe haben uns vom Gegenteil überzeugt!

Wir können diese Logik also durchaus nachvollziehen, was sie aber nicht wahrer macht. Befinden Sie sich in einer Beziehung mit dem falschen Partner, sei es nun eine flüchtige oder eine auf Langfristigkeit ausgelegte Beziehung, laufen Sie Gefahr, dass Ihnen der oder die Richtige entgeht, in der Annahme, Sie seien vergeben und so glücklich, wie zu sein Sie es vorgeben. Gott und die Engel der Liebe helfen Ihnen dabei, den oder die Richtige zu finden – aber Sie müssen geduldig sein, bis dieser Mensch tatsächlich in Ihr Leben tritt.

Wenn Sie glauben, Ihren Seelengefährten gefunden zu haben

Meist wissen Sie, auf wen Sie an dem von Ihnen gewählten Ort zugehen sollten. Vielleicht spüren Sie etwas Besonderes an diesem Menschen oder Sie fühlen sich einfach magisch angezogen. Verspüren Sie das Bedürfnis, mit diesem Menschen zu reden, sollten Sie das auch tun. Die Engel der Liebe werden Sie sanft in seine Richtung schubsen, was sich beispielsweise durch eine starke Anziehungskraft oder den Wunsch, mehr über diesen Menschen zu erfahren, bemerkbar machen kann. Wenn Sie auf diese Anzeichen achten, werden Sie die Richtung, in die Sie gelenkt werden sollen, ganz leicht erkennen.

Nicht weniger wichtig ist es allerdings, auf Warnsignale zu achten. Es handelt sich dabei um himmlische Warnungen, denen Sie unbedingt Beachtung schenken sollten! Behalten Sie Ihre Gedanken und Gefühle auf jeden Fall für sich. Freunde und

Angehörige mögen es gut mit Ihnen meinen, doch nur Ihnen wird die himmlische Führung zuteilwerden, um die Sie gebeten haben. Also können auch nur Sie wirklich beurteilen, ob Sie füreinander bestimmt sind oder nicht.

Falls Sie an Ihrer Fähigkeit zweifeln, die Zeichen der himmlischen Führung zu erkennen, können Sie auch hier wieder die Engel der Liebe um Hilfe bitten: Sie mögen Ihnen Klarheit in Ihren Träumen bringen. Vergessen Sie nicht, die Botschaften, die Sie in Ihren Träumen erhalten haben, sofort nach dem Aufwachen aufzuschreiben. So werden Ihnen die Richtung, die Sie einschlagen sollten, und die Schritte, die Sie unternehmen sollten, allmählich immer klarer.

Früher oder später werden Sie mit einem Menschen ins Gespräch kommen, von dem Sie das Gefühl haben, er könnte Ihr Seelengefährte sein. Ein wundervoller erster Schritt ist getan, doch nun ist es an der Zeit zu glänzen. Natürlich wollen Sie diesen Menschen in keiner Hinsicht irgendwie täuschen; Ihnen muss aber auch klar sein, dass er Sie ebenfalls unter die Lupe nimmt. Das ist bestimmt nicht der richtige Augenblick, um dem anderen zu gestehen, dass man auf der Suche nach seinem Seelengefährten ist. Wenn die Sprache darauf kommt, sollten Sie Ihre Spiritualität natürlich nicht verschweigen – ebenso wenig wie andere wichtige Punkte in Ihrem Leben. Seien Sie jedoch vorsichtig mit der Erwähnung des Seelengefährten. Das wirkt auf den einen oder anderen vielleicht abschreckend, vor allem dann, wenn Sie sich gerade erst begegnet sind. Andererseits ist das aber auch eine gute Taktik, um jemanden loszuwerden, an dem man *nicht* interessiert ist.

Die relativ kurze Zeit, die Sie bei dieser Gelegenheit mit demjenigen verbringen können, sollte klug verbracht sein. Tanzen Sie und haben Sie Spaß, wenn der Ort das hergibt, finden Sie aber auf jeden Fall auch eine gemeinsame Gesprächsgrundlage, auf der Sie sich besser kennenlernen können. Und vergessen Sie nicht, nach Telefonnummer, Mailadresse oder Ähnlichem zu fragen!

Es ist schon so häufig vorgekommen, dass sich bei unseren spirituellen Veranstaltungen tolle Paare gebildet haben. Als wir dann aber einen Monat oder so später nachgefragt haben, was daraus geworden ist, wurde uns gesagt, man habe leider vergessen, die Kontaktdaten auszutauschen. Oder es wurde sogar angenommen, dass man einander zufällig wieder über den Weg laufen würde, wenn die Vorsehung es denn wollte. Eine wirklich sehr nette romantische Vorstellung – aber eine, die leider nur selten funktioniert und den betreffenden Personen mehr Kummer als Segen bringt. Die Engel der Liebe haben Ihnen eine Tür geöffnet; nun aber liegt es an Ihnen, die Gelegenheit beim Schopf zu packen und über die Schwelle zu treten. Eine Kontaktmöglichkeit zu Ihrem potenziellen Seelengefährten zu finden sollte also oberste Priorität haben.

Haben Sie beide das Gefühl, Ihren Seelengefährten gefunden zu haben – fantastisch! Doch wieder einmal heißt es nun: Geduld! Trügen Sie Ihre Gefühle nämlich nicht, wird es anhalten. Natürlich sollten Sie den Betreffenden nicht unnötig warten lassen, wie bei einer bizarren Form von Test. Es hat sich jedoch bewährt, zunächst etwas Abstand zu der Situation zu gewinnen, um festzustellen, ob er oder sie wirklich der oder die Richtige ist – und nicht nur der oder die Richtige für den Augenblick. Das gilt insbesondere für Situationen, in denen Alkohol im Spiel war. Nehmen Sie sich gemeinsam Zeit, sich kennenzulernen: per Telefon, per E-Mail oder bei anderen Treffen in einer Gruppe von Menschen.

Und wenn alle Stricke reißen: Loslassen und auf Gott vertrauen

Falls Sie Ihren Seelengefährten nicht auf Anhieb finden können, sollten Sie dennoch nicht verzweifeln. Versuchen Sie es einfach immer und immer wieder. Fühlen Sie sich erschöpft, gönnen Sie sich eine kleine Pause. Es ist viel wahrscheinlicher, den Partner fürs Leben zu finden, wenn man entspannt, positiv und energiegeladen zu Werke geht, statt niedergeschlagen und deprimiert. Sich mit einem deprimierten Menschen zu unterhalten, kann manchmal ganz schön anstrengend sein. Was nicht bedeutet, dass Sie sich deswegen schuldig fühlen müssten. Wir alle sind von Zeit zu Zeit niedergeschlagen oder deprimiert. Hält diese Phase allerdings ungewöhnlich lange an, sollten Sie sich religiöse, spirituelle oder therapeutische Hilfe holen. Wie in Schritt 2 erwähnt, müssen Sie für eine Beziehung auch bereit sein.

Manche Menschen haben uns anvertraut, sie hätten es so oft erfolglos versucht, dass sie es nun aufgegeben haben. Gut, sagen

wir da! Es ist viel besser, diesen Teil Ihres Lebens in Gottes
Hände zu legen und mit Ihrem Alltag weiterzumachen, als sich
in Verzweiflung zu stürzen. Wir haben das Glück, Kinder eines
unendlich mächtigen und liebevollen Gottes zu sein.

Legen Sie die schwierigen Teile Ihres Lebens also in himmlische Hände, zeitigt dies manchmal viel bessere Ergebnisse, als
wenn Sie sich allein mit ihnen abmühen. Denn wie heißt es so
schön? Das Beste findet man gewöhnlich dann, wenn man nicht
danach sucht.

Himmlische Kommunikation

Unabhängig davon, ob Sie sich nun für eine aktivere Möglichkeit, nach dem Partner Ihres Lebens zu suchen, entscheiden
oder nicht, ist der kontinuierliche Dialog mit Gott der beste
Weg zu einem in jeder Hinsicht ausgeglichenen Leben. Kommunizieren Sie regelmäßig mit Ihrem göttlichen Schöpfer, fällt es
Ihnen viel leichter, der Führung zu folgen, die uns allen tagtäg-
lich zuteil wird. Und dies wiederum wird Sie letztlich zu Ihrem
perfekten Partner führen.

Gleichgesinnt

Diese Geschichte hat uns Natalie aus Südkalifornien geschickt,
deren unbefriedigende Datingversuche stellvertretend für ein
im städtischen Umfeld nur allzu häufig vorkommendes Phäno-
men stehen. Natalie ist eine sehr sensible und sanfte Person; ihre

größte Leidenschaft im Leben besteht darin, sich um Pferde und Delfine zu kümmern. Mit barschen, schroffen Energien könne sie nicht umgehen, sagt sie.

Das ist an sich nichts Ungewöhnliches, doch schrieb sie uns auch, dass ihr fast jeder Mann in Südkalifornien persönlich zu barsch oder zu schroff sei. Sie bezeichnete die Männer, die sie getroffen hatte, als Schlägertypen, die keinerlei Interesse an einer langfristigen, gleichberechtigten Partnerschaft hätten. Sie sei so abgeschreckt von den negativen Energien in ihrer Umgebung, dass sie die Gesellschaft von Tieren denen von Menschen im Allgemeinen mittlerweile vorzöge.

Natalies Familie drängte sie pausenlos zu Verabredungen und hatte bei mehreren Gelegenheiten sogar versucht, sie in eine Falle zu locken. Nun fand sie zwar nicht gerade Gefallen daran, Single zu sein, wollte aber andererseits auch nicht mit jemandem zusammen sein, vor dem sie Angst hatte oder von dem sie wusste, dass er nicht aufrichtig zu ihr war. Und so ließ sie Ihre Dates mit verschiedenen Männern oft über sich ergehen, um sich anschließend wieder dem widmen zu können, was ihr wirklich Freude bereitete.

Schließlich war Natalie so verzweifelt, die für sie so fürchterliche Situation zu beenden, dass sie zu beten begann. Sie flehte Gott an, ihr entweder den Richtigen oder niemanden mehr zu schicken. Sie wollte lieber für immer allein bleiben, als sich mit aggressiven Männern abzufinden, mit denen sie nichts anfangen konnte.

Natalie wurde beigebracht, die größte Macht hätten Gebete, wenn man sie in der Kirche sprach. So machte sie sich auf den Weg dorthin, und als sie dort angekommen war, erinnerte sie sich überrascht an etwas, das sie längst vergessen hatte: Es gab andere, die ähnlich dachten und fühlten wie sie, auch inmitten dieser großen Stadt.

Es dauerte nicht lange, da begegnete Natalie ein wunderbarer Mann, vor dem sie keine Angst haben musste. Eine sanfte Seele, ebenso wie sie, aber auch ein Mann, der sie beschützen konnte. Sie kümmert sich immer noch um Pferde und Delfine – aber nun gemeinsam mit einem geliebten Menschen, der ihre Interessen teilt.

Es war ein großes Glück für Natalie, dass sie begonnen hatte, wieder in die Kirche zu gehen. Dort traf sie nicht nur ihren Seelengefährten, sondern sie verband sich auch wieder mit einer spirituellen Gemeinschaft Gleichgesinnter. In Großstädten geht es manchmal sehr einsam zu, auch wenn man ständig von Menschen umgeben ist.

Datingregeln im Überblick

Und nun noch einmal eine kurze Zusammenfassung dieses Kapitels:

- Treffen Sie sich mit potenziellen Partnern nur an Orten, an denen Sie sich auch wirklich wohlfühlen.

- Beten Sie um Schutz und Führung.
- Bereiten Sie sich darauf vor, das Eis zu brechen. Lassen Sie weder Schüchternheit noch gesellschaftliche Barrieren zwischen sich und Ihren zukünftigen Partner treten.
- Achten Sie auf die Zeichen, die Sie zu den richtigen Menschen führen.
- Achten Sie noch mehr auf die Signale, die Sie vor den falschen Menschen warnen. Geben Sie sich nicht mit irgendjemandem zufrieden, nur um nicht mehr allein zu sein.
- Versuchen Sie es wieder und wieder. Verlieren Sie die Lust oder fühlen Sie sich unbehaglich oder erschöpft, bitten Sie Gott und die Engel der Liebe um Hilfe.

Folgen Sie diesen sehr einfachen Schritten, können wir Ihnen fast garantieren, dass Sie bald den perfekten Partner finden werden. Wobei die Zeitspanne natürlich von Ihnen und Ihrem Schöpfer abhängt. Sie können die notwendige Zeit immer wieder neu verhandeln. Alles, was Sie dazu anspornt, mit Gott zu kommunizieren, ist toll; auch ein wenig jammern ist erlaubt, schließlich sprechen Sie im Gebet ja mit Ihrem Schöpfer. Und genau diese Art von liebevoller Hingabe sollten Sie auch in Ihrer romantischen Beziehung anstreben.

Schritt 5

PRÄSENT SEIN

So bleibt die Beziehung intakt

Nun da Sie die schwierige und wichtige Aufgabe bewältigt haben, den perfekten Partner für sich zu finden, steht eine noch wichtigere vor Ihnen: diese Beziehung für immer intakt zu halten. Das ist gar nicht so viel Arbeit, wie Sie jetzt vielleicht denken mögen – oder, genauer: Es *sollte* nicht so viel Arbeit sein. Im Grunde läuft alles auf nur drei Dinge hinaus: *Kommunikation, gemeinsame Erfahrungen* und *den Garten der romantischen Liebe zu pflegen.*

Auch wenn Sie Ihren perfekten Partner bislang noch nicht manifestiert haben – was beim einmaligen Lesen des Buchs auch eher unwahrscheinlich wäre –, ist es dennoch wichtig, dass Sie dieses Kapitel lesen. Indem Sie über die beschriebenen Hilfsmittel nachdenken und sich auf eine funktionierende und lang anhaltende Partnerschaft konzentrieren, sind Sie vorbereitet und mehr im Einklang mit Ihrer Absicht, eine Beziehung mit einem Seelengefährten in Ihr Leben zu ziehen.

Partnerschaftspflege kann nie von nur einem Beteiligten allein betrieben werden. Es wäre töricht, das auch nur versuchen zu wollen. Für eine solide Partnerschaft braucht es zwei Menschen, die Tag für Tag zusammenarbeiten. Und bei der Partnerschaftspflege handelt es sich nicht um eine spezifische Tätigkeit, sondern um die Summe *aller* Handlungen, die zeigt, wie sehr beide darum bemüht sind, die Beziehung intakt zu halten.

Die meisten Menschen hatten schon einmal eine Beziehung, die irgendwann zu bröckeln begann. Auf dem Papier sah sie vielleicht noch gut aus, aber eine Substanz hatte sie nicht mehr. Das Einzige, das die beiden Beteiligten zusammenhielt, war die Tatsache, dass sie noch zusammen waren. Wahrscheinlich war es leichter, in der Beziehung zu bleiben, als die Energie aufzubringen, sie zu verlassen. Denn genau das ist das Wesen einer gescheiterten Beziehung: Es steckt so wenig Energie in ihr, dass man sich nicht einmal mehr aufraffen kann, die Beziehung zu beenden.

Aber was genau ist geschehen? Ganz einfach: Irgendwann hat einer aufgehört, es zu versuchen. Vielleicht waren Sie das, vielleicht Ihr Partner, vielleicht Sie beide. Darauf kommt es gar nicht an, denn die Beziehung hat trotzdem eine wichtige Funktion erfüllt: Sie hat Ihnen gezeigt, was Sie *nicht* tun sollten. Nun wissen Sie, wie sich eine Beziehung anfühlt, an der nicht gearbeitet wird, und können eine solche Situation in Zukunft vermeiden.

Natürlich kann niemand dazu gezwungen werden, in einer Beziehung zu bleiben. Sie können jedoch Schritte unternehmen, die verhindern, dass es überhaupt zu Auflösungserscheinungen in der Beziehung kommt.

Offene Kommunikation

Das Wichtigste in einer Beziehung – und zwar von Anfang an – ist die Kommunikation. Nichts garantiert Langlebigkeit mehr als sie. Je weniger ein Paar miteinander redet, desto wahrscheinlicher ist es, dass sich Frust, Ärgernisse, Wut, Verletzungen und Eifersucht in der Beziehung ansammeln.

Nähe kultivieren
Melissa: Grant und ich werden immer wieder gefragt, wie wir unsere liebevolle Beziehung intakt halten. Hier geben wir Ihnen einige Antworten.

Wir beginnen und beenden unsere Tage am liebsten gemeinsam, und das schon von Anfang an. Viele sind erstaunt, wenn sie hören, dass wir immer gemeinsam aufwachen. Doch bleibt der eine einfach so lange liegen, bis der andere erwacht. Muss einer von uns einmal früh aufstehen und sich den Wecker stellen, steht der andere auch auf. Darüber kann man lachen, doch uns ist diese gemeinsame Zeit am Morgen einfach wichtig. So beginnen wir unseren Tag – und das wollen wir gemeinsam tun. Wir erwachen mit einem Lächeln und sprechen erst einmal über unsere

Träume. Anschließend frühstücken wir zusammen, wie wenig oder viel Zeit auch immer wir haben. Wir erzählen uns gegenseitig, was wir an diesem Tag vorhaben, lachen über Neuigkeiten oder diskutieren Entscheidungen, die getroffen werden müssen. Das ist unsere gemeinsame Zeit, und sie ist wertvoll für uns.

Außerdem nehmen Grant und ich uns am Ende jedes Werktags – manchmal auch in einer Pause wie der Mittagspause – Zeit, um zu spielen, und sei es nur für fünf Minuten. Sie haben richtig gelesen: Wir spielen und lachen! Miteinander herumzualbern und Verspieltheit sind Schlüsselelemente einer jeden Partnerschaft. Freude und Lachen gleichen die ernsthaften Dinge im Leben aus. Zudem bietet das Spiel beiden Partnern Gelegenheit, sich in allen Facetten auszudrücken.

Ist es Zeit zum Abendessen, sprechen wir über unseren Tag. Wir teilen uns gegenseitig unsere Gedanken, Ideen, die Dinge, die wir geschafft haben, und die Dinge, die wir gern schaffen würden, mit. Wir essen jeden Tag gemeinsam zu Abend. Manche Menschen können das nicht immer, man sollte es aber dennoch ganz oben auf die Prioritätenliste setzen. Es ist wiederum unsere gemeinsame Zeit, eine Zeit zum Lachen, Miteinanderreden und Mitteilen.

Grant und ich waren noch nie eine einzige Nacht getrennt. Wir gehen immer gemeinsam zu Bett. Wir halten es für wichtig, unseren Tag gemeinsam zu beenden, in unserer heiligen Kammer, dem Schlafzimmer. Dort haben wir den Tag begonnen, dort schließt sich der Kreis: gemeinsam aufwachen, gemeinsam einschlafen. Davor reden wir über die Liebe, erzählen uns gegenseitig etwas, lachen zusammen. Über ernsthafte, traurige Dinge sprechen wir dort nicht, denn dies ist unser ganz persönlicher, romantischer Ort. Elektronische Geräte wie Fernseher oder Telefone gibt es in unserem Schlafzimmer nicht, nur einen Wecker. Wir glauben, dass sie die Beziehung stören und die Intimität unterbrechen.

Jeder Mensch will von seinem Partner respektvoll behandelt werden, doch wenn er ihm nicht sagt, was das für ihn im Einzelnen bedeutet, weiß der Partner vielleicht gar nicht, wie er auf die Bedürfnisse des anderen eingehen kann. Wir sollten uns also angewöhnen, anderen zu sagen, was wir möchten, damit sie es uns auch geben können.

Sollte Ihnen umgekehrt auffallen, dass es Ihrem Partner schwerfällt, über seine Bedürfnisse zu sprechen, versuchen Sie trotzdem, ihn zu einem Gespräch darüber zu bewegen, damit die Kommunikationskanäle wieder offen sind. Je höher das Kommunikationsniveau, desto glücklicher werden Sie beide sein.

Wahre Kommunikation ist nur bei Partnern auf Augenhöhe möglich. Wird einer von beiden immer wütend, kann Angst entstehen. Und Angst behindert nicht nur die Kommunikation, sondern auch die Liebe. Man kann nicht lieben, wovor man sich fürchtet; die Emotionen sind so gegensätzlich, dass sie einander ausschließen. Das kann gar nicht genug betont werden. Eine offene Kommunikation kann nur ohne Wut, Angst und Einschüchterung stattfinden.

Ein wunderbares Mittel, das Ihnen beiden hilft, miteinander zu sprechen und einander zuzuhören, ist die körperliche Berührung. Berühren Sie beispielsweise Schulter, Hand, Rücken oder Arm Ihres Partners, wenn Sie etwas Aufregendes erzählen oder Ihren Gefühlen Ausdruck verleihen, verbindet Sie das auf einer tieferen Ebene mit ihm. Wahrscheinlich wird Ihr Partner Ihnen dann auch besser zuhören, und Sie haben verstärkt das Gefühl, dass Ihnen seine volle Aufmerksamkeit zuteilwird. Die körperliche Berührung verschafft Partnern ein Gefühl der Verbundenheit und des Heilens.

Männer und Frauen bedienen sich meist recht unterschiedlicher Kommunikationsstile. Das muss bei einer verschiedengeschlechtlichen Beziehung unbedingt beachtet werden. Männer wollen Probleme, die in einem Gespräch auftauchen, lösen – und Schluss. Frauen hingegen stellen gern detailliertere Fragen und wollen länger über Probleme reden. Dabei können leicht Konflikte entstehen. Männer müssen lernen zuzuhören, ohne Problemlösungen anzubieten oder sich aus dem Gespräch innerlich auszuklinken. Frauen müssen sich daran erinnern, dass sie hier mit einem Mann und nicht mit der besten Freundin sprechen – und es zu gegebener Zeit gut sein lassen, ohne alles noch einmal analysieren zu wollen.

Konfliktbewältigung

Eine gute Methode, um in einem Gespräch bei der Sache zu bleiben und möglichst rasch eine Lösung zu finden, besteht darin, sich einen Wecker zu stellen. Ja, meine Damen (oder auch Herren), die Ihr gern bis zum Morgengrauen diskutiert: Ihr habt richtig gelesen! Legt Handy mit Stoppuhr, Eieruhr oder einen sonstigen Zeitmesser schon einmal bereit.

1. Derjenige, der über etwas reden möchte, fängt an. Der Wecker wird dabei auf fünf Minuten gestellt. So kommt man kurz und bündig zum Punkt. Klingelt der Wecker, ist die Redezeit vorüber.
2. Nun wird der Wecker noch einmal gestellt. Dieses Mal wiederholt der Partner, was er gehört hat – in seinen eigenen Worten. Die verbleibende Zeit nutzt er, um seinen Gefühlen hinsichtlich des Angesprochenen Ausdruck zu verleihen.
3. Stellen Sie den Wecker zum Schluss noch einmal auf fünf Minuten. In dieser Zeit kann derjenige, der angefangen hat, das, was der Partner eben gesagt hat, kommentieren.

Sie können so fortfahren, bis 30 Minuten um sind. Danach sollte sich eine Lösung abzeichnen. Bedanken Sie sich beieinander, dass Sie sprechen durften und zugehört haben.

In der Beziehungswerkstatt

Die Wiederbelebung der Kommunikation kann auch dabei helfen, eine leicht angeschlagene Beziehung wieder in Schwung zu bringen. Das ist am Anfang nicht leicht, lohnt sich aber. Eine Eheberatung kann sicherlich sinnvoll sein, doch gibt es nichts Besseres, als wenn beide Partner sich allein zusammensetzen und über ihr Leben sprechen. Vielleicht finden sie bei dieser Gelegenheit heraus, dass alte Wut, Zweifel oder ein anderes negatives Gefühl schon länger schwelt. Es mag zwar den Anschein haben, als machte das offene Gespräch darüber alles nur noch schlimmer, das stimmt aber nicht. Die Gefühle waren ohnehin da – nun werden sie lediglich ans Licht gezerrt, damit man sich um sie kümmern kann.

So etwas wie eine irreparable Beziehung gibt es nicht, es sei denn, einer der beiden Partner weigert sich, die Verantwortung für seinen Anteil am Bröckeln der Beziehung zu übernehmen. In beinahe jeder Situation – außer vielleicht bei psychischen Erkrankungen oder Suchtproblemen – tragen beide Parteien Verantwortung. Jeder, der glaubt, alles richtig gemacht zu haben, und dem Partner die ganze Schuld zuschiebt, ist nicht ehrlich mit sich selbst. Einen möglichst unvoreingenommenen Blick auf die Beziehung zu werfen bietet Erkenntnisse, wo etwas schiefgelaufen ist, und damit auch Ansatzpunkte zur Lösung der Probleme. Das geht aber nur, wenn man kommuniziert.

Die Kommunikation ebnet einer intakten, liebevollen Beziehung den Weg. Bleiben Sie hinsichtlich Ihres Liebeslebens proaktiv und halten Sie die Kommunikationskanäle offen, kann kaum etwas schiefgehen. Natürlich werden auch hier von Zeit zu Zeit kleinere Probleme auftreten, doch die werden sich leicht und ohne unnötigen Schmerz lösen lassen. Je mehr Sie miteinander kommunizieren, desto besser lernen Sie sich beide kennen. Ein wunderbares Ziel bei einer lebenslangen Beziehung besteht darin, an jedem einzelnen Tag etwas Neues am Partner zu entdecken. So bleibt das Leben ein Abenteuer und das gemeinsame Leben voller Freude.

Ausgewogenheit in der Beziehung

In einer liebevollen, intakten Beziehung hat keiner die Oberhand. Nörgeln, Tyrannisieren und Dominieren verbieten sich von selbst. All dies sind Anzeichen einer ungleichen Beziehung, der es zutiefst an aufrechter Kommunikation mangelt. Zu einer gelungenen Beziehung sollte jeder Partner seinen Teil beitragen.

»Gleich« kann für unterschiedliche Menschen jedoch etwas Unterschiedliches bedeuten. Ein Beispiel: Einer der beiden Partner hat vielleicht eine Abneigung gegen das Abwaschen. Und glauben Sie uns: Wenn Mama es nicht geschafft hat, denjenigen dazu zu bewegen, dann schaffen Sie das auch nicht. Eine Zeit lang rafft sich der Partner vielleicht auf abzuwaschen, um Ihnen eine Freude zu machen, doch früher oder später wird die alte Aversion wieder da sein. Da nützt es wenig, wütend zu werden. Hier gilt es, etwas zu finden, das der Partner beitragen kann, ohne sich dabei mit alten Aversionen herumschlagen zu müssen.

Natürlich gibt es für jeden von uns Aufgaben im Haushalt, die er oder sie nicht gern macht; wenn einer der Partner aber etwas hasst, sollte der andere es übernehmen. Entsteht dadurch ein Ungleichgewicht, muss so lange weitergesucht werden, bis alle Aufgaben einigermaßen gerecht verteilt sind.

Dies gilt auch, wenn nur einer der beiden Partner berufstätig ist: Das ist noch lange keine Entschuldigung dafür, dass man sich ansonsten im Haushalt nicht beteiligt. Gleiches gilt für denjenigen, der sich mehr um die Kinder kümmert.

Ein weiteres Anzeichen für eine unausgewogene Beziehung ist es, wenn einer der beiden Partner in aller Öffentlichkeit schlecht über den anderen spricht. Beziehungsprobleme sollten genau da bleiben: in der Beziehung. Sich vor Freunden und Familie gegenseitig schlechtzumachen ist respektlos und zeugt von Disharmonie in der Partnerschaft. In einem solchen Fall sollte man sich hinsetzen und über die offensichtlich bestehenden Spannungen reden.

Ein weiterer entscheidender Faktor dafür, dass eine Beziehung intakt bleibt, ist Ehrlichkeit. Geheimnisse führen früher oder später zu Problemen. Deshalb sollte jeder in jedem Bereich seines Lebens danach streben, dem Partner gegenüber so ehrlich und offen wie möglich zu sein. Dabei muss nicht jedes einzelne Detail aus Ihrer Vergangenheit, als Sie noch kein Paar waren, zur Sprache kommen, wenn Sie das nicht wollen. Doch von dem Zeitpunkt an, als Sie ein Paar geworden sind, sollten Sie dem anderen nichts verheimlichen wollen. Bleiben Sie ehrlich, haben

Sie von Ihrem Partner auch nichts zu befürchten. Dabei entsteht ein größeres gegenseitiges Vertrauen; beide können sich vollständig öffnen, ohne Täuschungsmanöver oder Lügen. Und Vertrauen gehört zu den schönsten Verbindungen zwischen zwei Menschen.

Gelddiskussionen entschärfen

Unserer Erfahrung nach streiten Paare sich mehr, wenn sie Geldsorgen haben. Der zusätzliche Stress durch Geldsorgen kann bestehende Spannungen verstärken. Meist beginnt einer der Partner dann einen Streit, den im Grunde keiner will. Stress hat ihn dazu getrieben, und nun schlägt er blind um sich. Doch auch in dieser unglücklichen Situation kann man etwas tun.

Bevor man einen Streit vom Zaun bricht, der zu nichts führt, sollte man zunächst innehalten, durchatmen, nachdenken und herausfinden, was einen wirklich ärgert. Dabei kann es sehr hilfreich sein, langsam bis zehn zu zählen. Der zweite Schritt besteht darin, auch gegenüber den eigenen Finanzen eine aktive Haltung einzunehmen. Sie sind in der Welt des Geldes ebenso wenig dazu verdammt, eine passive Rolle einzunehmen, wie in der Welt der Liebe. In dem Buch *Himmlische Fülle* lernen Sie ganz ähnliche Techniken kennen wie in diesem Buch, nur dass sie Sie nicht zu dem Partner Ihres Lebens, sondern zu finanziellem Glück führen.

Gemeinsame Erfahrungen

Seien Sie sich immer bewusst, dass Gott und die Engel Sie zusammengebracht und darüber hinaus die Macht haben, Ihnen dabei zu helfen zusammenzubleiben. Denken Sie immer an diese himmlischen Einflüsse. Gemeinsame spirituelle Erfahrungen werden Sie in Ihrer Beziehung wachsen lassen. Das bedeutet nicht, dass Sie beide an exakt dasselbe glauben müssten. Es ist absolut akzeptabel, verschiedene Weltanschauungen zu haben, solange sich beide Partner gehört und respektiert fühlen.

Selbst wenn sich die spirituellen Ansichten vollständig voneinander unterscheiden sollten, gibt es dennoch zahlreiche Aktivitäten, die man gemeinsam unternehmen kann und die den spirituellen Bedürfnissen beider entgegenkommen. Beispielsweise findet sich in fast jeder Religion die Ehrfurcht vor der Schönheit der Natur. So kann wandern zu gehen, gemeinsam den Sonnenuntergang zu genießen oder einen Tag am Strand zu verbringen für beide spirituell befriedigend sein. Seien Sie ruhig experimentierfreudig und finden Sie noch andere Möglichkeiten, gemeinsam an den Wundern der Schöpfung teilzuhaben.

Ähneln Sie sich in Ihren spirituellen Ansichten, gibt es natürlich noch viel mehr gemeinsame Aktivitäten. Ein spirituell verbundener Haushalt ist so viel stärker als zwei Menschen, die lediglich zusammen leben. Denken Sie immer auch an Ihre spirituelle Erfüllung – sie ist ebenso wichtig wie Ihre körperlichen, emotionalen und intellektuellen Bedürfnisse es sind.

Den Garten der romantischen Liebe pflegen

Und nun das Beste zum Schluss: Der sicherste Garant für eine langlebige Beziehung ist die Romantik! Diese stellt sich jedoch nicht automatisch ein, Sie müssen schon etwas dafür tun. Verabreden Sie sich einmal in der Woche zu einem Date, fahren Sie hin und wieder das Wochenende über weg, gehen Sie in ein hübsches Restaurant oder nehmen Sie gemeinsam Tanzstunden. Wenn Sie Kinder haben, kann es natürlich etwas schwieriger sein, das romantische Feuer brennen zu lassen – was manchmal allerdings auch daran liegt, dass der Romantik in solchen Fällen nicht die Priorität eingeräumt wird, die ihr gebührt. Pflegen Sie Ihren Garten der romantischen Liebe jedoch auch dann, ist nicht nur die Beziehung erfüllender, Sie bringen gleichzeitig auch Ihren Kindern bei, wie man eine intakte, liebevolle Partnerschaft lebt.

Egal wie beschäftigt man ist: Für manche Dinge muss man sich einfach Zeit nehmen. Auch (oder gerade) bei zehn Kindern muss sichergestellt sein, dass die eigenen Bedürfnisse nicht zu kurz kommen. Und zu denen gehört auch die romantische Seite der Beziehung.

Zeigen Sie Ihrem Partner auch nur einmal am Tag, dass Sie ihn immer noch lieben, begehren und respektieren, wird dies ganz erstaunliche Folgen haben, auch wenn die Geste noch so klein ist. Der Valentinstag ist natürlich eine gute Gelegenheit dafür, doch belassen es nur die törichten Paare bei einer Liebesbezeugung pro Jahr. Vielleicht denken Sie, dass Sie es sich zeitlich nicht leisten können, Ihrem Partner täglich zu sagen, wie sehr Sie ihn lieben. Wir entgegnen: Sie können es sich nicht leisten, es sich nicht leisten zu können! Eine kaputte Beziehung zu reparieren oder – schlimmer – sich einen neuen Partner zu suchen dauert viel länger. Machen Sie es sich zur Angewohnheit, Ihrem Partner zu sagen, dass Sie ihn lieben, ebenso wie Sie regelmäßig Zähne putzen oder die Unterwäsche wechseln. Fühlen Sie sich nicht schuldig für die Zeit, die Sie sich dafür nehmen.

Kein Teil Ihres Lebens – auch nicht Arbeit, Kinder, Angehörige oder Bildung – ist wichtiger, als gemeinsame zärtliche Augenblicke mit dem Partner zu verbringen. Denn warum sind Sie zusammen? Weil Sie sich lieben! Und jeder wird in seinem Leben von dem liebevollen Beispiel, mit dem Sie vorangehen, profitieren. Machen Sie die Beziehung zum Herzstück Ihres Daseins.

Das Leben, vor allem das mit einem geliebten Partner, ist ein Balanceakt, der mit ein wenig Übung jedoch mühelos gemeistert werden kann. Denken Sie nur immer daran, sich an Gott und die Engel zu wenden, wenn Sie Hilfe brauchen.

Dieses Gebet hilft Ihnen dabei, Ihren Garten der romantischen Liebe zu pflegen:

Lieber Gott, ich danke Dir, dass Du mich zu meinem Seelengefährten geführt hast. Bitte unterstütze uns dabei, eine starke, intakte und liebevolle Beziehung zu leben, die in täglich blühender, bedingungsloser Liebe wurzelt.

Engel der Liebe, bitte helft uns auch weiterhin dabei, unsere perfekte Beziehung zu erhalten und zu entwickeln. Helft uns, uns gegenseitig immer Herz und Geist zu öffnen. Auf dass wir voneinander lernen, füreinander da sind und uns gegenseitig nähren.

Wir sind offen für all die himmlische Unterstützung, die wir benötigen, damit unsere ideale Partnerschaft gedeihen kann.

Wir danken Dir, Gott, der Du der himmlische Meister der Liebe selbst bist. Wir danken Euch, Engel. Wir sind dankbar und werden unsere Beziehung voller Liebe immer freudig feiern.

NACHWORT

Die drei Schlüssel – aktiv handeln, den Himmel um Hilfe bitten, konstruktiv denken

Gott und die Engel der Liebe haben Ihnen einige Strategien und Techniken zur Verfügung gestellt, mit denen Sie Ihren Seelengefährten finden können. Dieser Mittel kann sich jeder jederzeit bedienen, unabhängig von seinem Hintergrund oder Glauben. Das Wissen, dass sich himmlische Helfer immer um Sie kümmern, ist ein stetiger Quell des Trostes und der Freude.

Zweck der Übungen – abgesehen vom offensichtlichen Manifestieren Ihres Seelengefährten – ist es, Sie zu mehr als zum bloßen Zuschauer im eigenen Leben zu machen. Denken Sie immer daran: Wenn Sie bekommen möchten, was Sie sich wünschen, müssen Sie etwas dafür tun, also selbst aktiv werden. Wer aufgibt und nicht mehr teilnimmt, macht sich zum Opfer.

Ein sehr wertvolles Werkzeug ist das Loslassen. Das bedeutet aber nicht, dass Sie sich nicht selbst helfen dürfen. Es bedeutet lediglich, sich nicht auf ein eng umgrenztes Ergebnis zu fixieren, sondern es Gott und den Engeln zu überlassen, die für Sie besten Entscheidungen zu treffen. Natürlich dürfen Sie weiterhin reden, bitten, beten und Ihre Affirmationen sprechen. Es mag vorkommen, dass Ihnen nicht gefällt, was für Sie entschieden wurde – dann sprechen Sie mit Ihrem Schöpfer darüber!

Alle spirituellen Hilfsmittel in diesem Buch oder in ähnlichen Büchern sind im Grunde nichts anderes als alternative Möglichkeiten, mit Gott zu sprechen. Denn nicht nur die Engel sind seine Boten, auch Ihre Gedanken, Worte und Handlungen sind es. Visualisierung, Affirmation, Gebet und konstruktives Denken stellen sicher, dass Sie nur die Botschaften senden, die Sie auch senden wollen.

Auch die persönlichen Geschichten, die wir in diesem Buch geschildert haben, weisen einen gemeinsamen roten Faden auf: Diese Menschen folgten der Führung, die ihnen zuteilwurde, wenngleich keiner von ihnen ein Guru, ein Mönch oder eine Nonne war. Keiner von ihnen hatte eine formelle spirituelle Ausbildung; sie alle nutzten hier und da kleine Tipps, um ihr Leben zum Besseren zu wenden.

Folgen Sie der Führung, die Gott und die Engel Ihnen schenken, werden Sie nie auf eine geschlossene Tür treffen. Halten Sie Ausschau nach Zeichen und folgen Sie ihnen – sie werden Sie zu wundervollen Orten geleiten. All die Menschen, deren

Geschichten wir hier erzählt haben, standen kurz davor aufzugeben, entschlossen sich dann aber doch, sich der himmlischen Inspiration zu öffnen und ein Happy End für ihre eigene Geschichte zu erschaffen. Sie teilen sie freundlicherweise mit uns, sodass wir etwas aus ihnen lernen und selbst neuen Mut schöpfen können. Jemandem die eigene Geschichte zu erzählen ist etwas sehr Persönliches. Wir danken euch – für euren Mut und eure Großzügigkeit.

Am Ende unseres Buches wollen wir Sie noch einmal an etwas sehr Wichtiges erinnern: *Bleiben Sie immer positiv.* Eine positive Lebenseinstellung kann große Veränderungen herbeiführen. Positiv denkende Menschen ziehen andere positiv denkende Menschen an, was umgekehrt auch für negativ denkende Menschen gilt. Sie haben sicherlich auch schon einmal versucht, einen Freund zu trösten und aufzumuntern, der sich absolut geweigert hat, getröstet zu werden. Es hat nicht funktioniert – und das an sich ist eine ganz normale energetische Reaktion. Der Rest des Universums reagiert in ganz ähnlicher Weise auf Negativität. Manchmal laufen die Dinge nicht so, wie man es sich wünscht, und dann dürfen wir auch einmal frustriert, skeptisch, ängstlich oder anderweitig negativ sein. Gestatten Sie diesen negativen Emotionen allerdings nicht, die Herrschaft über Ihr Leben und Ihre Einstellung zum Leben zu übernehmen.

Fühlen Sie sich überfordert oder verspüren Sie einen Anflug von Fatalismus, gönnen Sie sich eine Pause. Beispielsweise mit den Meditationen aus dem Kapitel zu Schritt 2 und im Anhang oder mit Gebeten. Sorgen Sie auch für ausreichend Entspannung. Und verlieren Sie nie, wirklich nie Ihr Ziel aus den Augen: Ihr Glück zu finden. Macht Sie etwas unglücklich, befreien Sie sich davon.

Die Arbeit, die wir Ihnen in diesem Buch näher gebracht haben, ist wie alles andere im Leben ein Abenteuer. Genauer gesagt: *Ihr* Abenteuer. Je mehr Energie und Begeisterung Sie hineinstecken, desto mehr werden Sie davon haben. Insbesondere wenn es um Liebe und Romantik geht, ist die Einstellung alles. Und es liegt allein an Ihnen, eine positive und optimistische Haltung zu wählen. Wenn Sie sich dafür entscheiden, werden Sie definitiv ein glücklicherer und liebevollerer Mensch werden.

Und schließlich wollen wir Ihnen danken, dass Sie den Mut gefunden haben, Ihr Leben verbessern zu wollen. Ob Sie auf der Suche nach einer neuen Beziehung sind oder die bestehende mit neuem Leben füllen wollen: Entsprechende Maßnahmen zu ergreifen ist ein sehr mutiger Schritt. Haben Sie dabei etwas Neues gelernt – wunderbar! Probieren Sie es so schnell wie möglich aus. Je mehr Sie üben, desto erfolgreicher werden Sie sein. Ist das alles hingegen ein alter Hut für Sie, dann heißt es: Willkommen zurück auf alten Pfaden. Wir können Sie gar nicht oft genug an die Macht, die in Ihren Händen liegt, erinnern, und Sie können gar nicht oft genug zu Gott und den Engeln der Liebe sprechen.

Danke fürs Lesen!

ANHANG

Meditationen

Die folgenden Meditationen sind besonders dann sehr hilfreich, wenn Sie sich blockiert oder überfordert fühlen oder Ihr Geist ein wenig Ruhe braucht. Sie können sie jederzeit durchführen, so oft Sie wollen, denn Meditationen helfen Ihnen auch bei den Schritten in diesem Buch. Die Suche nach dem Partner fürs Leben kann beängstigend und entmutigend sein. Selbst mit der Hilfe Gottes und der Engel der Liebe kann es Zeiten geben, in denen Sie einfach eine Pause brauchen. Und auch wenn Ihnen das Vorgehen leichtfällt, hat eine Auszeit doch zahlreiche Vorteile.

Die Meditation ist eine erstaunlich effektive und leichte Entspannungsmethode. Sie hilft Ihnen nicht nur dabei, Sie geistig von dem, was Ihnen gerade Sorgen bereitet, zu lösen, sie verleiht Ihnen auch die nötige Energie, auf positivere Art und Weise mit Problemen umzugehen.

Die Meditation ist eine großartige Möglichkeit, den Tag zu beginnen und zu beenden. Sie schenkt Ihnen den Frieden und die Energie, die Sie spirituell aufgeladen durch den Tag bringen. Darüber hinaus sorgt sie für Entspannung und bereitet Sie auf einen erholsamen Schlaf mit bedeutungsvollen Träumen vor.

Ebenso wie durch das Gebet können wir uns auch durch die Meditation mit der göttlichen Quelle verbinden. Sie bringt Ihren Geist zur Ruhe, sodass Sie hören können, wie Gott und die Engel zu Ihnen sprechen. Sollten Sie je an Ihrem momentanen Pfad zweifeln oder nicht wissen, was Sie tun sollen, verhilft Ihnen die Meditation zu mehr Klarheit.

Ihr Bewusstsein oder Ego funkt Ihrem Lebensziel und Ihrer Fähigkeit zu kommunizieren nicht absichtlich dazwischen. Es hat sich durch vergangene Verletzungen, Beleidigungen und Zweifel zu dem entwickelt, was es ist. Es versucht, Sie vor weiterem Schaden zu bewahren, indem es Sie davon abhält, etwas Kühnes oder Ungewöhnliches zu tun. Das allerdings geht am wahren Leben vorbei. Durch die Meditation können Sie diesen Teil Ihres Geistes umgehen und mutig voranschreiten.

Bitte schonen Sie sich unmittelbar vor und nach der Meditation. Gleiten Sie ganz sanft in sie hinein und auch wieder aus ihr heraus. Führen Sie sie an einem ruhigen, freundlichen Ort durch, an dem Sie absolut ungestört sind. Vermeiden Sie vor allem anschließend die Begegnung mit negativen Menschen, denn dann sind Sie für ihre niedrig schwingenden Einflüsse besonders anfällig. Nutzen Sie die Meditation nur zu Ihrem Vorteil und genießen Sie sie.

Im Folgenden finden Sie zwei Beispielmeditationen, die Sie so oft Sie möchten ausprobieren können. Die erste verhilft Ihnen zu einem starken, positiven und energiegeladenen Start in den Tag. Die zweite Meditation entspannt Sie am Abend, damit Sie sich ausruhen, schlafen und friedvoll träumen können.

Morgenmeditation: Der Tempel der Liebe

Suche dir einen ruhigen Ort und setze oder lege dich hin. Schließe deine Augen, öffne deine Handflächen zum Himmel und entspanne dich. Atme tief ein und fülle deinen ganzen Körper dabei mit Luft. Atme nun aus und entlasse alle Luft aus deinem Körper. Und noch einmal: einatmen, ausatmen. Werde dir des Rhythmus deines Atems bewusst. Einatmen, ausatmen. Rufe die Engel der Liebe an. Spüre ihre Anwesenheit, während du ihre Liebe einatmest.

Vor deinem inneren Auge siehst du nun eine wunderschöne weiße Marmortreppe vor dir liegen. Du bemerkst, dass die prachtvolle Treppe aus acht Stufen besteht, die zu einem wunderschönen Tempel hinaufführen. Die Zahl 8 repräsentiert die Unendlichkeit. Sie steht symbolisch für das Schmieden einer Beziehung zwischen zwei Seelengefährten und die Vereinigung zweier Liebender für die Ewigkeit. Du steigst die Treppe hinauf und fühlst dich mit jedem Schritt energiegeladener. Du freust dich darauf, den Tempel zu besuchen, und fühlst dich eingeladen, ihn zu betreten. Während du die letzte Stufe der Treppe erklimmst, kommt ein prächtiger weißer Bau mit vier Wänden in

Sicht, bedeckt von einer runden Kuppel. Diese Form repräsentiert das Männliche und das Weibliche.

Nun betrittst du den Tempel der Liebe. Du spürst, dies ist der Beginn einer wundervollen Reise. Du spürst deine wachsende Erregung: Dein Herz schlägt rasch, du weißt, dass all das auf dein höchstes Wohl ausgerichtet ist. Du siehst dich in dem Tempel um und bemerkst, dass jede Wand in einer anderen Farbe erstrahlt. Gold steht für die himmlische Verbindung in dir. Rosa steht für die bedingungslose Liebe. Grün steht für die heilende Kraft der Liebe. Und Silber steht für Himmel und Erde in dir.

In der Mitte des Tempels erblickst du einen großen Rubin. Um den Edelstein herum befinden sich die Engel der Liebe. Sie bitten dich ins Herz des Tempels. Du gehst auf die Engel der Liebe zu und spürst ihre kraftvolle, beruhigende und liebevolle Energie. Nun hast du sie erreicht, und sie schließen dich in ihre Mitte und in ihre Arme. Bedingungslose Liebe durchströmt dich. Die Engel bedeuten dir, die Hand auszustrecken und den Rubin zu berühren. Und so streckst du deine Hand aus und legst sie sanft auf den Stein. In ihm spürst du tief wurzelnde Liebe, Leidenschaft und Lebensenergie, die nun auf dich übergehen. Jetzt hat jeder Engel noch eine ganz spezielle Botschaft der Liebe für dich. Höre ihnen aufmerksam zu.

Du dankst den Engeln für ihre Botschaften. Einer der Engel tritt vor und blickt dir tief in die Augen. Er hat noch eine Botschaft für dich: Du musst erst dich selbst lieben lernen. Du spürst,

*dass diese Engel der Liebe dich zu deinem Seelengefährten füh-
ren, zu der Beziehung, die zu deinem höchsten Wohl ist und dir
all deine Herzenswünsche erfüllt. Du weißt mit felsenfestem
Glauben, dass Gott und die Engel der Liebe dir dabei helfen,
den ersehnten Partner zu finden.*

*Lebst du bereits die liebevolle Beziehung mit deinem See-
lengefährten, führen und unterstützen Gott und die Engel der
Liebe euch beide. Sie helfen eurer Beziehung dabei, weiterhin in
Schönheit, bedingungsloser Liebe, Freude und Entdeckungslust
zu wurzeln.*

*Du nimmst die Hand von dem Rubin und siehst, dass das
Licht der Engel nun heller erstrahlt. Es hüllt dich ein wie eine
warme Decke, es inspiriert und stützt dich. Nimm dir einen
Augenblick Zeit, um das wunderschöne Licht tief einzuatmen.
Dein Herz weitet sich, um die Liebe zu empfangen, die du jetzt,
in diesem Moment, verdienst. Während das Licht der Engel
immer heller leuchtet, kehrst du ganz allmählich in diese Zeit,
an diesen Ort, in diesen Körper zurück…*

Abendmeditation: Das Geschenk

*Suche dir einen ruhigen und bequemen Ort und setze oder lege
dich hin. Entspanne dich, öffne deine Handflächen zum Himmel und schließe deine Augen. Atme tief ein und dann vollständig aus. Atme noch einmal tief ein; fülle deine Lunge und deinen
Rücken mit Luft. Lass nun los und atme die ganze Luft in deinem Körper aus.*

Mit dem nächsten Einatmen siehst du ein wunderschönes grünes Licht, das aus dem Mittelpunkt der Erde auf dich zukommt. Es dringt durch deine Fußsohlen in deinen Körper ein und steigt dann allmählich höher, durch Knöchel, Waden und Knie… durch die Oberschenkel ins Becken, über den Bauch in dein Herz. Beim Ausatmen steigt ein wunderschönes silbernes Licht vom Himmel herunter und trifft auf deinen Scheitel. Es wandert durch Kehle, Schultern und Brust ebenfalls in dein Herz. Atme weiter das grüne Licht ein und das silberne Licht aus.

Vor deinem inneren Auge siehst du nun einen strahlenden Lichtkreis. Dieses Licht besteht aus den zartesten Blau-, Rosa-, Grün-, Gelb- und Violetttönen. Du fühlst dich von diesem Licht angezogen und gehst langsam auf den wunderschönen Farbkreis zu. Während du näher kommst, spürst du, wie das Licht dich umgibt und umfängt. Du fühlst dich sicher, getröstet und gestützt. Ganz allmählich nimmt das Licht um dich herum Gestalt an. Du siehst, wie sich Gesichter formen – es sind die Engel der Liebe. Nimm dir einen Moment Zeit, um den Engeln in die Augen zu blicken. Du spürst Wärme, Schutz, Unterstützung und Liebe in ihnen.

Ein Engel tritt vor und übergibt dir eine strahlend goldene Schachtel. Die Schachtel ist leer. Die Engel der Liebe bitten dich, all deine Beziehungsängste, -sorgen und -verletzungen in die Schachtel hineinzulegen. Denk einen Augenblick darüber nach, was du alles in diese Schachtel legen möchtest. Und während du eines nach dem anderen hineinlegst, spürst du, wie du von Erleichterung überflutet wirst. Die Bürde, nach einer Beziehung zu suchen, wird dir von den Schultern genommen. Nun hast du die letzte Sorge, die letzte Angst in die Schachtel gelegt und schließt den Deckel. Du fühlst dich erleichtert und sorgenfrei, während du den Engeln die goldene Schachtel zurückgibst. Du weißt, dass die Schachtel mit deinen Beziehungsängsten und -sorgen bei den Engeln der Liebe gut aufgehoben ist. Sie befreien dich von all deinen Ängsten und Zweifeln.

Nun umarmen die Engel der Liebe dich, einer nach dem anderen. Der blau leuchtende Engel strahlt Ruhe und Frieden aus. Von dem gelb leuchtenden Engel fühlst du dich getröstet. Der rosa leuchtende Engel ist die bedingungslose Liebe selbst. Der grün leuchtende Engel erstrahlt vor heilender Energie. Und während du auf den violett leuchtenden Engel blickst, weißt du tief in deinem Herzen, dass alles gut ist.

Die Engel der Liebe umarmen dich, und du weißt, dass sich alles zum Besten wenden wird. Du spürst tiefe und bedingungslose Liebe, Unterstützung und Hilfe. Du hast Vertrauen, dass alles, dein Seelengefährte, die perfekte Beziehung, deine Herzenswünsche, in himmlischen Händen liegt. Dein Herz ist getröstet. Dein Geist ist ruhig. Dein Körper ist entspannt. Deine Seele ist offen, um zu empfangen. Du weißt, dass du darauf vertrauen kannst, dass die Engel der Liebe dir helfen, dich von der Sorge um eine Beziehung zu befreien. Du kannst darauf vertrauen, dass die Engel der Liebe dir helfen, den Partner zu finden, der in jeder Hinsicht perfekt für dich ist. Heute Abend schläfst du in den Armen der Engel der Liebe ein, wo du Ruhe, Entspannung und Regeneration findest...

ÜBER DIE AUTOREN

Grant Virtue promoviert in Psychologie und ist gleichzeitig als technischer Koordinator für die Angel University LLC tätig. Grant hat sich bereits sein ganzes Leben lang mit Spiritualität, Gesundheit und dem Rechtswesen beschäftigt. Mit seiner Mutter Doreen Virtue hat er die Bücher *Engel-Worte* und *Himmlische Fülle* verfasst, als alleiniger Autor veröffentlichte er *Living a Blessed Life*. Derzeit schreibt er eine Reihe von Romanen. Grant lebt mit seiner Frau Melissa und ihrer gemeinsamen Katze in Florida.
www.grantvirtue.com

Melissa Virtue beschäftigt sich schon seit über 20 Jahren mit Träumen. Sie bietet Workshops zur Traumdeutung und zum Thema Engel an, erfand und lehrt SpiralDance™, eine Tanztechnik auf spiritueller Basis, und hat mehrere Bücher verfasst, darunter *Angel Dreams* und *Das Traum-Orakel der Engel* (mit Doreen Virtue) sowie *Dreamtime* und die Kinderbuchreihe *Magical Dream Journeys*.
www.sacredsolas.com